DOKUHO J. MEINDL

ZEN

DAS GLÜCK
IM JETZT

IN EINER WELT, IN DER ALLES
AUF DAS MATERIELL SICHTBARE
AUSGERICHTET IST, WIRD DAS
NICHT SICHTBARE IMMER WICHTIGER.

3

DER FLUSS,

ERST ABWÄRTS, DANN AUFWÄRTS,

DANN SAH ICH IHN IM KREISE FLIESSEN.

DER SONNE LICHT,

DES WINDES WELLEN MIR VERHIESSEN,

DAS WASSER WEDER AUF NOCH AB

IM KREISE SICH BEWEGT.

DER MENSCH DEN KREIS ERKENNE,

WEDER ANFANG NOCH DAS ENDE.

DOCH DIE GANZE ZEIT,

JETZT.

JETZT IST DIE EWIGKEIT.

Dokuho J. Meindl (Lesotho, 1981)

最初

Vom Gestern ins Jetzt

SCHULE DES LEBENS

Während ich an diesem Buch arbeite, trage ich Ereignisse aus meinem Leben, Erkenntnisse und Zen-Übungen zusammen. Ich besinne mich auf die Anfänge meines Lebens in dieser Welt, auf meine Kindheit hier im Westen und meinen Weg, der mich als jungen Mann über Land in den Fernen Osten bis zum Ursprung des Zen und wieder zurück führte. Wenn ich heute darüber nachdenke, würde ich diesen Weg ohne zu zögern wieder gehen. Er würde mich zu keinem anderen Ziel führen als hierher, in diesen Moment. Denn das Wesentliche, die Essenz des Zen, so hat mich mein Weg gelehrt, liegt genau hier und jetzt unter meinen Füßen. Erfüllung im Leben finde ich an keinem anderen Ort und zu keiner anderen Zeit, weder gestern noch morgen. Doch wo ist der Anfang?

ERSTE SCHRITTE

Meine ersten Kindheitsjahre verbrachte ich auf dem Land, in Isen unweit von München. Unser Elternhaus mit seinem Garten war wunderschön: Wir hatten viel Platz zur Verfügung, dazu ein Schwimmbad und einen Tennisplatz. Es war ein kleines Paradies, in dem wir lebten. Unsere Mutter war für uns drei Kinder da, meine beiden zweieinhalb Jahre älteren Zwillingsschwestern und mich – unterstützt von Hausangestellten und wechselnden Kindermädchen. Wir erlebten eine gesicherte Kindheit, voller Wohlstand und allem, was das Herz an irdischen Gütern begehrte. Meine Eltern genossen ihr Leben. Ich kann mich noch gut erinnern, wie sie in den späten Sechzigerjahren in unserem großen Garten tolle Sommerpartys mit ihren vielen ebenso wohlhabenden Freunden feierten. Sie waren beliebte und großzügige Gastgeber. Unseren Garten umgab eine hohe Mauer, hinter der wir in unserer Welt lebten. Auch wir Kinder wurden mit großen Kindergeburtstagen und vielen Geschenken gefeiert, denn an Geld fehlte es nie. In diesem Rahmen hätte für meine Schwestern und mich alles seinen sicheren Gang gehen können.

Zen, QiGong und die Traditionelle Chinesische Medizin stehen heute im Mittelpunkt der Arbeit des Autors.

DAS LAND MEINER SEHNSUCHT

Zeit füreinander hingegen war in unserer Familie der wahre Luxus. Meine Schwestern Andrea und Bettina und ich hingen deshalb sehr aneinander. Doch seit die Zwillingsmädchen auf eine Klosterschule und ich im Alter von neun Jahren auf eine für Buben verteilt worden waren, waren die Gelegenheiten für gemeinsame Spiele und glückliche Momente noch seltener geworden. Manchmal kam es mir insgeheim so vor, als gehörte ich nicht wirklich in diese Familie, sondern wäre nur hierhergeschickt worden. Lange Zeit war ich sogar überzeugt davon, dass ich der Sohn eines anderen Mannes sei, eines Königs aus einem fernen Reich, der mich eines Tages wieder nach Hause holen würde. In meinem Inneren sah ich das Land, aus dem ich kam, seine hohen Berge, die tiefen Täler und Menschen in farbenfrohen Gewändern und mit fröhlichen Gesichtern. Viele Jahre später sollte ich dieses Land betreten, doch das ahnte ich damals noch nicht.

Momente des Glücks

So zog ich mich, wenn ich allein war, in meine Welt zurück. In unserem Garten standen viele Bäume, und im Spätsommer konnten wir hier Äpfel, Birnen und Haselnüsse ernten. Manchmal setzte ich mich unter einen von ihnen: Es war warm, aber nicht zu heiß, und ein leichter Wind wehte. Ich hatte einen Apfel in der Hand, der wunderbar duftete. So saß ich, kaute langsam jeden Bissen, der köstlich schmeckte, und vergaß die Zeit. Diese Momente, in denen ich ganz ins Jetzt eintauchte, ließen mich die Ewigkeit erspüren und sind mir tief in Erinnerung geblieben, weil ich bei ihrer Empfindung ganz im Jetzt war. In solch einfachen Dingen erlebte ich Glück, mit allen Sinnen und von ganzem Herzen.

Von Licht und Schatten

Mein Vater wünschte sich nichts mehr, als dass ich mich nach seinen Vorstellungen entwickeln sollte. Er erlebte sich als sehr erfolgreichen und einflussreichen Geschäftsmann und sah diesen Weg deshalb auch für mich, seinen bis dahin einzigen Sohn, vor.

Er entwickelte allerdings eher eigenwillige Methoden, mich diesen zu lehren. So gab es für mich einerseits großzügige Geschenke, andererseits auch harte Strafen.

Die schlimmste Zeit jedoch für mich brach an, als ich die Klosterschule besuchen musste und meine Schwestern und meine Mutter nur noch selten sah.

Hier kommt mir ein Bild in den Sinn von singenden Kindern. Ich bin eines davon. Wir sitzen im Gottesdienst in der prachtvollen Barockkirche der Klosterschule und singen im Chor aus vollem Leib und voller Seele. „Wie schön", denke ich selig. Plötzlich schlägt mir eine Klosterschwester, die hinter mir steht, auf die Schulter und sagt: „Sei still, du singst falsch!"

Lernen und Leiden

In der Klosterschule herrschte ein äußerst strenges Regiment. Schläge gehörten zur Tagesordnung. Die Schule, die Klosterschwestern, die mich ständig unter Druck setzten und mich in ihren Glauben zwingen wollten, das alles machte mir große Angst. Ich erinnere mich an die Torturen des Deutschunterrichts. Hier wurden wir Schüler angehalten, ein Diktat auswendig zu lernen, um es anschließend sorgfältig in Schönschrift ins Heft zu übertragen. Machte ich einen Fehler beim Schönschreiben, so musste ich das Heft vor meiner Brust geöffnet nach vorne zur Schwester tragen. Sie warf einen Blick auf den Rechtschreibfehler und schlug mir dann mitten ins Gesicht. Ich musste mich entschuldigen, mein Heft wieder aufnehmen und zurück zu meinem Platz gehen. Meine Tränen unterdrückend, setzte ich mich und schrieb weiter. Diese Strafen dienten nur einem einzigen Zweck: dem Einbläuen von Regeln, der Schärfung von Disziplin und Ordnung, egal ob sinnvoll oder nicht.

Trügerisches Idyll mit Barockkirche: In der Klosterschule wurden die Kinder mit harter Hand erzogen.

Leid, das alles verändert

Sieben Jahre später sollte etwas geschehen, das in unserer Familie alles veränderte:
Der Unfalltod meiner 18-jährigen Schwester Andrea riss mich innerlich fast entzwei.
In den Jahren danach versuchte ich meinem Schmerz zu entkommen, indem ich mich
ablenkte und zu zerstreuen versuchte. Ich ließ mich treiben, arbeitete gelegentlich
bei meinem Vater, was gar nicht funktionierte, und suchte mir schließlich selbst Jobs.
Ich machte meinen Taxiführerschein, arbeitete als Model und ließ mich in der Welt
der Reichen und Schönen treiben. Aber je mehr ich mich hier ablenkte, desto leerer
wurde es in mir. Und doch – ohne diese Erfahrungen hätte ich nie versucht, einen
neuen Weg in meinem Leben einzuschlagen: Ich begann mich mit fernöstlichen Kulturen und vor allem mit dem Buddhismus zu beschäftigen und zu meditieren.

Der inneren Stimme folgen

Später sollte ich mich von den Plänen meines Vaters ganz verabschieden und mich
nun wirklich auf den Weg machen. Ich machte mich nur mit einem kleinen Rucksack, ein paar Mark in der Tasche und per Anhalter auf meinen langen Weg ins Zen-
Kloster. Er führte mich weit fort von hier – auf dem Landweg über Iran und Pakistan
nach Indien, in das Ursprungsland Buddhas, und dann nach Nepal, Burma und Thailand, wo ich mich in buddhistischen Klöstern in Meditation übte, bis ich nach sieben
Monaten in Japan ankam, dem Ziel meiner Pilgerschaft durch Asien.
Hier trat ich als erster aus dem Westen stammender Zen-Mönch ins Eigen-Ji-Zen-
Kloster ein. Ich ging wie die anderen Mönche auch regelmäßig auf Bettelgänge, was
mich, der ich im Wohlstand aufgewachsen war, Demut, Bescheidenheit und Dankbarkeit lehrte. Auch auf meinen späteren Pilgerreisen lernte ich mein Vertrauen in
das Leben noch zu vertiefen und immer bereit zu sein für das, was ist.

Geschenke der Freundschaft und Liebe

Mein Gefährte auf all meinen Wegen in Japan war Yasan, Sohn des ehemaligen
Abtes des Eigen-Ji-Zen-Klosters. Er war und ist bis heute mein enger Freund, mein
großer Bruder und Meister. Die Freundschaft mit ihm ist ein Geschenk. Auch meine

spätere Frau Misayo, mit der ich nach meiner Zeit im Kloster zusammenkam, hatte ich schon kurz nach meiner Ankunft in Japan kennengelernt.

Im Kloster lernte ich auch die Traditionelle Chinesische Medizin (TCM) kennen. Fasziniert von der jahrtausendealten Heilkunst ging ich später mit Yasan nach China und studierte TCM und QiGong. Ich versöhnte mich mit meinem Vater, der mich im Kloster besuchte, und er legte, bevor er starb, noch den Grundstein für das Eiho-ji ZenHaus in Dornach bei München. 1991 heiratete ich Misayo, die mir zwei wundervolle Töchter schenkte. So wurde ich nach der Schulung zum Zen-Mönch in Japan, dem TCM-Studium in China, der Ausbildung in Psychotherapie und zum Heilpraktiker auch Ehemann und Vater.

Das Glück im Jetzt

Meine Familie ist sehr wichtig für mich, und meine Frau Misayo und meine beiden Kinder sind mein großer Schatz, den ich über alles liebe. Dabei erwarte ich nicht, dass sie mich glücklich machen. Vielmehr muss ich das Glück in mir finden und mit ihnen teilen. An meinen Töchtern schätze ich ihre Persönlichkeit. Mir war es nicht zuletzt vor dem Hintergrund meiner

Das Eigen-Ji-Kloster, einer der Haupttempel des Rinzai-Zen – das Ziel einer langen Reise.

11

Erfahrungen wichtig, diese von Anfang an zu respektieren und ihnen zu helfen zu wachsen. Die Unmittelbarkeit, mit der Kinder der Welt begegnen, und ihre Fähigkeit, sich ganz in einen Moment zu versenken, können uns viel lehren.

Seit 1991 lebe und arbeite ich in Deutschland für den Zen, die TCM und QiGong. Ich freue mich, Menschen eine Grundlage dafür bieten zu dürfen, ihren Alltag glücklicher, gesünder und erfüllter zu gestalten. Ich fühle mich dabei wie eine Art Begleiter, der andere mitnimmt in ein Land, das er ganz gut kennt. Denn wer sich auf die Spur des Zen begibt, geht auf den Weg nach innen und kann mit dieser Haltung seinen Alltag bereichern. Das mag zuweilen mit gleichgesinnten Mönchsbrüdern in einem abgelegenen Kloster in den Bergen besser gelingen.

Die große Kunst besteht jedoch darin, Zen in dieser Welt zu leben, ob als Single, in einer Gemeinschaft mit anderen, in einer Partnerschaft oder einer Familie mit Kindern. Versuchen Sie in Ihrem Umfeld Ihre Chance zu sehen und nutzen Sie einfache, alltägliche Situationen und Tätigkeiten als Übungswege. Als Grundlage dienen die stille Zen-Meditation und die Regelmäßigkeit der Übung. Durch die stetige Schulung des Geistes und das Leerwerden kann es auch in der Fülle des Alltags gelingen, wundervolle wache Momente – Ihr Glück im Jetzt – zu erleben.

Zen im Alltag leben

In diesem Buch habe ich einige der wichtigsten Erfahrungen auf meinem Weg zum Zen aufgezeichnet. Sie schenkten mir bestimmte Erkenntnisse, die mir dabei halfen, Schritt für Schritt weiterzugehen. Zen-Übungen für den Alltag und stille Meditationen ergänzen in diesem Buch jede Erfahrung und Erkenntnis und bieten immer wieder Möglichkeiten, um ins Jetzt zu kommen. So können Sie mehr in der Gegenwart leben und dadurch mehr innere Ruhe und Zufriedenheit finden. Mit Ihrem Glück im Jetzt können Sie dann auch die Momente anderer Menschen erhellen.

Ich wünsche Ihnen von ganzem Herzen, dass die Erzählungen und Meditationen auf den folgenden Seiten Ihnen eine Hilfe bieten können auf dem Weg zu mehr Wachheit, Dankbarkeit und Erfüllung im Leben – und immer wieder im Jetzt.

ZWEIFEL UND SUCHE

VOM STREBEN
NACH WAHRHEIT

Glaube nicht, was dein Lehrer sagt, glaube nicht, was in Büchern steht, glaube nicht, was viele Menschen tun, und glaube nicht, was Leitfiguren dir sagen. Sondern gehe in dich, finde es für dich heraus und lebe danach!

nach Siddhartha Gautama

DIE SUCHE BEGINNT

Meine Schulzeit lag hinter mir. Die Türen zu den Orten, an denen ich „gebildet" worden war, hatte ich endgültig hinter mir geschlossen. Zurück blieb das schale Gefühl von Unzufriedenheit und einer unbestimmten Trauer. So war mir nicht nur die Art und Weise, wie mir meine Lehrer sogenanntes Wissen vermittelt hatten, auch im Nachhinein schwer verständlich geblieben. Was hatte ich gelernt, das mir in meinem Leben wirklich hilfreich sein könnte? Welche Erfahrungen hatte ich gesammelt, was verstanden, was erkannt und was daraus gelernt? Ich hatte den Eindruck, dass man es mir verwehrt hatte, erwachsen zu werden und stattdessen versucht hatte, mich zu erziehen nach Geboten, die mir höchst zweifelhaft erschienen.

Von meinem Vater hatte ich von klein auf gelernt, dass ein Leben erst dann erfüllt sei, wenn drei Gegebenheiten vorhanden wären. In Kurzform bedeutete dies: „Besser – mehr – schneller". Besser zu sein als andere, über mehr Vermögen zu verfügen als sie, diese Ziele möglichst schnell zu erreichen und erst auf diese Weise möglichst viel Spaß im Leben zu haben. So sah ich ihm und vielen seiner Freunde dabei zu, wie ihre Yachten Jahr für Jahr größer und ihre Gefährtinnen immer jünger wurden. Dabei spürte ich bereits als junger Mann, dass sie alle mit wachsendem Wohlstand und Ansehen ihre Zufriedenheit und Herzlichkeit aufgeben mussten. Später sollte ich begreifen, dass sie den Zugang zu sich selbst verloren hatten. Auch mir war diese Leere nur zu vertraut. Lange war ich Teil dieses Treibens, kannte die Gefühle von Überdruss und zugleich des ewigen Hungers nach mehr, bis mich eines Tages ein tragisches Ereignis zutiefst erschütterte.

Eine Welt bricht zusammen

Ich war damals 16 Jahre alt und bei meiner Schwester Andrea in München zu Besuch. Da sie ein wenig kränkelte, überredete ich sie, mit mir zusammen nach Hause zu fahren. Unsere Haushälterin holte uns von der S-Bahn ab. Auf dem Weg zu unserem Elternhaus raste ein Betrunkener mit seinem Auto frontal in unseren Wagen, meine Schwester starb kurz danach im Krankenhaus. Auch der Unfallverursacher kam ums Leben. Unsere Haushälterin und ich über-
lebten schwer verletzt.

Einige Tage befand ich mich an der Schwelle zwischen Leben und Tod. Als ich aus meinem mehrtägigen Koma erwachte, musste ich zu meinem großen Kummer erfahren, dass meine geliebte Schwester tot und bereits beerdigt war. Die Welt um mich herum und in mir brach zusammen. Der Gedanke, dass Andrea nun für immer weg war, war schier unerträglich. Ich fühlte mich schuldig. Warum hatte ich überlebt? Um zu vergessen und den Schmerz und die Trauer in mir zu unterdrücken, versuchte ich mich abzulenken.

Das Erkennen der eigenen Vergänglichkeit ist eine der Grunderkenntnisse im Buddhismus.

Nach einiger Zeit musste ich allerdings die Erfahrung machen, dass die ständige Suche nach Zerstreuung, mit der ich den Schmerz und meine innere Leere zu verdrängen versuchte, ganz und gar nicht funktionierte.

Der väterliche Druck, mich zur Nachfolge in seinem Unternehmen vorzubereiten, hatte sein Übriges getan. Ich entfernte mich aus meinen bisherigen Kreisen. Stattdessen zog ich mich zurück aufs Land und begann mich mit buddhistischen Schriften, den großen Mystikern und mit Meditation zu beschäftigen. So lernte ich, dass Siddhartha Gautama, der Begründer des Buddhismus, als Sohn eines Fürsten seine Kindheit und Jugend in Fülle und Reichtum verbrachte. Eines Tages verließ er jedoch den väterlichen Palast auf der Suche nach wahrem inneren Frieden und Erlösung.

ERST DER ZWEIFEL LÄSST UNS ZUR SUCHE AUFBRECHEN.
DER ZWEIFEL WIRFT DIE FRAGEN NACH DEM SINN
UNSERES BISHERIGEN LEBENS AUF.
SO KANN WAHRER WANDEL BEGINNEN.

Wo ist mein Weg?

Doch war ich immer noch verloren in einem Bewusstsein, das sich vor allem über Äußerlichkeiten definierte. Später sollte ich lernen, dass man diesen Zustand im Zen das „Kleine Ich" – Sho Ga (siehe Seite 101) – nennt. Man glaubt, dass die sichtbare Welt die einzig wirkliche sei, und ist innerlich gefangen von seinen Wünschen und Vorstellungen, Ängsten und Sorgen.

Oft saß ich tagelang da und suchte Antworten auf meine Fragen nach dem Sinn des Lebens und dem Ursprung des Seins. Dann wünschte ich mir wieder, ich hätte die Suche nie begonnen und den Zweifel in mir groß werden lassen. Trotzdem blieb ich weiter allein und verbrachte die Nächte damit, mich auf das sich ständig verändernde und doch immer gleiche Feuer im Kamin zu sammeln. In diesen Momenten der Besinnung erfasste mich – wenn auch immer nur kurz – ein Gefühl inneren Friedens. Zugleich entfremdeten mich meine Zweifel an der Welt meinem Vater noch mehr. Meine Mutter blieb mir verbunden, obwohl auch sie verunsichert war durch den Wandel, der sich in mir vollzog. Auch wenn sie sich um meine „gesicherte" Zukunft sorgte, so war ihr doch klar, dass mein Weg der richtige für mich war.

Erstes Erwachen

Zu jener Zeit nutzte ich ein Mandala-Bild aus Indien, um still in meinem Kopf und Herzen zu werden. Doch waren diese Versuche noch wenig erfolgreich. Eines Abends jedoch hatte ich eine Erfahrung, die mein Leben verändern sollte. Jenen 4. Dezember 1981 werde ich nie vergessen: Den ganzen Tag war ich unruhig und aufgewühlt. Warum fiel es mir nur so schwer, mich im Hier und Jetzt voller Vertrauen und Zufriedenheit niederzulassen und zu versenken? Ich blickte aus dem Fenster zu dem von Schnee bestäubten alten Apfelbaum.

Alles war in ein tiefes, leuchtendes Blau getaucht, die letzte Farbe vor dem Übergang in das Schwarz der Nacht. Um mich herum herrschte Stille. Zugleich entstand in mir eine tiefe Sehnsucht danach, endlich aufzuhören mit dem Denken und loszulassen. Da wandte ich mich dem Mandala-Bild zu und begann, mich einfach vor ihm zu verneigen. Immer wieder verneigte ich mich und wiederholte dabei laut: „Danke für diesen Moment!" Plötzlich tat sich in mir ein Tor auf. Eine starke Energie erfüllte mich, durchflutete jede Zelle meines Körpers. Alles löste sich auf – die Gedanken, die Zeit, der Raum und mein Ich. Alles war nur noch eine Energie. Ich weinte aus ganzem Herzen, weinte vor Freude und Dankbarkeit.

Ein Buddha erreicht aus eigener Kraft die Vollkommenheit des Geistes.

17

DIE
ERKENNTNIS:
1.

HINGABE
AN DEN MOMENT

DAS GRÖSSTE GESCHENK IST DER MOMENT. WO SONST
KANN ICH WIRKLICH LEBEN? ERST STILLE UND INNERE
SAMMLUNG ÖFFNEN DAS TOR ZUM JETZT.

Das Tor zum Land des großen Friedens

Intuitiv hatte ich in dieser Mandala-Meditation ganz loslassen können und so eine Rückverbindung mit dem Ursprung erfahren dürfen: Ich hatte das, wie es im Zen heißt, „Land des großen Friedens" (Japanisch: 浄土) betreten. Wie lange ich hier weilte, kann ich heute nicht mehr sagen. Doch als ich nach der Meditation aufstand, fühlte ich mich völlig verändert – wie neugeboren. Meine innere Haltung, meine Wahrnehmung und Achtsamkeit waren anders geworden. Mich erfüllte eine große Dankbarkeit für das Leben, für den Augenblick, für das Geschenk des Jetzt. Ein Gefühl echten, inneren Friedens hatte mich erfasst.

Versenkung in wache Momente

In der Meditation erleben wir verschiedene Zustände: Sie reichen von einer tiefen Entspannung bis hin zu jenen kostbaren wachen Momenten. Vielleicht hatten Sie selbst bereits das Glück, solche Momente erfahren zu dürfen. Manchmal kann dieser Weg beschwerlich und ziemlich intensiv sein. Betrachten Sie dies als Entwicklungsschritte der Übung: Die wahre Hingabe an den Moment in der Meditation kann das Tor zum Jetzt öffnen. Hier können Sie ein Gegengewicht finden zu dem ständigen Kreisen um sich selbst, den kleineren und größeren Katastrophen, die uns im Alltag gelegentlich einholen, den Ängsten und Befürchtungen, den Sinnfragen und der Trennung vom eigenen Ursprung. Hier finden Sie – wenn Sie es möchten – die Stille und Tiefe, die Sie aus dem unübersichtlichen Treiben des Alltags, aus Termindruck, Hektik und Oberflächlichkeit befreien.

Aus dem Alltag heraustreten

Heute weiß ich, dass jeder Mensch in jeder Lebenssituation und auch in Krisenzeiten das Tor zum Jetzt öffnen kann. Dazu möchte ich Ihnen Mut machen: Um diese Momente von Wachheit und Dankbarkeit zu erleben, müssen Sie keineswegs Ihren Alltag völlig umkrempeln. Bei mir ergab es sich aus meinem Leben heraus, das mir die Möglichkeit des Rückzugs gebot. Heute weiß ich jedoch, dass manche Menschen irgendwann in ihrem Leben an einen Punkt gelangen können, an dem sie nicht mehr weiterwissen. Dann gibt es verschiedene Möglichkeiten: Man kann verzagen, sich nach rückwärts wenden, sich an vertraute Muster anlehnen, die vielleicht gar nicht die sind, die wirklich zu einem passen – und man kann sich auf die Suche nach dem „Warum" begeben, die auch zugleich die Suche nach der Einheit mit allem ist.

Sich Zeit für das Jetzt nehmen

Sie können aus Ihrem Alltag ebenfalls heraustreten, jedoch auch ohne sich von Freunden oder der Familie zu isolieren. Versuchen Sie sich stattdessen, so oft es geht, Zeit zu nehmen und ins Jetzt zu kommen. In diesen Phasen ohne äußere Reize und Ablenkung können Sie sich in die Stille begeben und nach innen wenden. So können auch Sie von einem Wendepunkt des Lebens aus, der vielleicht in einen neuen Lebensabschnitt mündet, Ihren Weg beschreiten und durch Dankbarkeit vieles annehmen lernen. Sie müssen sich nur immer wieder an das Üben erinnern – Ihre tägliche Zen-Zeit. Mit der Dankbarkeitsmeditation auf der nächsten Seite können Sie jeden Tag das Tor zum Jetzt öffnen und inneren Frieden und Glück im Jetzt erfahren.

Mandalas sind zentrische Bilder, die im Hinduismus und Buddhismus zur Sammlung des Geistes dienen.

DANKBARKEITSMEDITATION

Für mich entstand die Idee für diese Dankbarkeitsmeditation aus einem Augenblick, der sich an eine ganze Reihe von Momenten des Suchens anschloss. Aus dem Gefühl der Stille und Dankbarkeit erwuchs schließlich die Formulierung für die Meditation. Wenn Sie möchten, können Sie diese Übung als positiven Beginn eines neuen Tages aber auch zu jeder anderen Zeit durchführen.

- Ziehen Sie sich an einen ruhigen Platz in Ihrer Wohnung oder einen geschützten Platz im Garten oder in einem Park zurück. Nehmen Sie sich zehn oder zwanzig Minuten Zeit und setzen Sie sich bequem auf ein Sitzkissen oder eine Matte. Natürlich können Sie auch auf einem normalen Stuhl sitzen oder im Stehen meditieren, wenn Sie sich dabei wohler fühlen und es die Situation erlaubt.
- Wenn es Ihnen leichter fällt, sich so zu konzentrieren, können Sie Ihren Blick auf eine Kerze, auf eine Blüte oder ein Mandala richten. Legen Sie Ihre Hände aneinander vor Ihren Brustraum oder entspannt ineinander in Ihren Schoß.
- Schließen Sie Ihre Augen etwas und lassen Sie in Ihrem Herzen ein Lächeln entstehen. Strecken Sie Ihren Scheitel zum Himmel und öffnen Sie sich. Ihr Blick zeigt nach vorne, Ihre Schultern sind entspannt.
- Beobachten Sie nun in Ihrem Einatem, wie die Luft in Ihren Unterbauch fließt. Lassen Sie den Atem immer von selbst kommen. Lassen Sie ihn einströmen und geben Sie sich dann ganz ins Ausatmen hinein.
- Lassen Sie Ihre Gedanken ziehen wie Wolken am Himmel. Atmen Sie weiter in Ihrem Rhythmus und lassen Sie langsam das Gefühl von Dankbarkeit in sich aufsteigen.
- Nun denken oder sprechen Sie ruhig die Worte: „Danke für diesen Moment!"
- Atmen Sie ruhig weiter und wiederholen Sie diese Formel im Stillen oder laut. Wenn Sie möchten, können Sie sich dabei verneigen. Wichtig dabei ist auch eine tiefe innere Haltung der Dankbarkeit.
- Wenn Sie die Übung beenden möchten, sammeln Sie Ihre Aufmerksamkeit für eine Weile nur auf die Atembewegung in Ihrem Bauch. Spüren Sie bei Ihren nächsten Atemzügen in sich hinein, was sich verändert hat.

Mit zunehmender Übung wird sich bei dieser Meditation das Gefühl von Dankbarkeit immer leichter und selbstverständlicher einstellen.

MIT DEM HERZEN
SEHEN LERNEN

Aus ganzem Herzen leben, möchte mich ganz geben. Voller Dank und voll Vertrauen, ganz achtsam und sacht, dabei immer wirklich wach. Die Energie, die mich durchdringt, die in allem Sein schwingt. Mein ganzes Leben will ich jetzt geben.

DIE WAHRE NATUR ERKENNEN

Nach diesem ersten Erleben eines „wahren" Moments als Erwachsener – denn aus meiner Kindheit kannte ich diese Augenblicke des Glücks bereits – ohne Trübungen durch Wünsche, Vorstellungen, Ängste und Sorgen, fühlte ich mich wie ein neuer Mensch. Es war, als wäre ich eben geboren worden. Ich fühlte mich durchlässiger und sensibler. Meine Sinne waren aufs Äußerste geschärft und mein Gespür für alles, was mich umgab, war viel feiner geworden.

Alles um mich herum sah ich in frischem Glanz: die Räume, in denen ich mich bewegte, die Natur um mich herum. Auf einmal konnte ich feinste Töne und Klänge wahrnehmen. Ein gewöhnlicher Bissen Brot schmeckte nun einfach wunderbar. Das Brennholz in der Küche, der Schnee vor dem Haus, der Windhauch, der über mein Gesicht blies, wenn ich nach draußen trat – alles duftete stärker als zuvor und ich nahm es intensiver wahr. In allem Sichtbaren, in den Dingen, den Menschen und Tieren, die mir begegneten, wie auch in allem Unsichtbaren spürte ich das Pulsieren einer alles durchdringenden Energie. Erst durch meine Erfahrung an jenem Dezemberabend konnte ich sie in allem erkennen.

Wie die Natur hilft

Im nächsten Winter zog ich in eine alte Hütte am Waldrand. Lange Nächte saß ich wieder vor dem Feuer in meinem kleinen Ofen und betrachtete die Flammen. Immer öfter gelang es mir dabei, mich zu vergessen und vollkommen in das in verschiedensten Farbnuancen flackernde Licht zu vertiefen. Unentwegt veränderte es seine Gestalt und Form und blieb doch immer das eine Feuer. So vergaß ich mich und alles, was ich meinte zu sein, und wurde eins mit den Flammen.

Mein Leben zu jener Zeit war sehr einfach. Ich war glücklich, weil ich mich verbunden fühlte mit dem All-Einen. Das erfüllte mich mit Dankbarkeit und Demut.

Wenn ich in diesem Winter durch den Wald streifte und mein Blick dabei auf einen der Bäume fiel, so erkannte ich sein inneres Leuchten und seine Lebendigkeit. Je mehr ich mich auf den Baum einließ, umso mehr wurde ich eins mit ihm, fühlte, wie der Wind durch meine Blätter fuhr, roch den Duft meiner Rinde und hörte das Knarren meiner Äste. Zugleich blickte ich durch jahrhundertealte Augen über das verschneite Land, spürte den kalten Schnee an meinem Fuß und die Wurzeln, die ins Erdreich ragten. Dieses Gefühl, ganz eins im Jetzt und mit der Natur zu sein, schenkte mir Sicherheit, Geborgenheit und Vertrauen in die umfassenden Kräfte der Natur, mit denen ich jederzeit ohne Worte in Kontakt treten konnte.

Der Winter ist die Zeit des Rückzugs und Innehaltens vor einer neuen Phase des Werdens.

DIE ERKENNTNIS: **2.**

SICH VON GANZEM HERZEN EINLASSEN

WENN ICH MICH VERGESSE UND GANZ EINLASSE
AUF DAS, WAS HIER UND JETZT IST,
KANN ICH DIE EINHEIT WAHRNEHMEN UND ERFAHREN.

Die Trennung auflösen

Als ich dort im Wald lebte und mich tagelang der Stille hingab, erlebte ich vor dem Feuer oder draußen in der Natur intensive Momente des inneren Sehens und Spürens. Es ist schwer zu beschreiben und am ehesten zu erklären mit dem Wahrnehmen und Erfahren einer allumfassenden reinen Energie. Es gibt dabei keine Unterscheidung zwischen den einzelnen Dingen mehr, die einen umgeben. Jegliche Trennung ist in diesen Momenten der Stille aufgelöst, und alles ist eins. Hier erfahren und sehen Sie das alles durchdringende Licht, das in allem leuchtet und das alles ist.

Im Zen bedeutet dies, dass der Geist dabei in die große Leere taucht. Um diese allumfassende Leere zu erfahren, müssen Sie erst selbst ganz leer werden, leer von allen Vorstellungen von dieser Welt und auch von Ihrem eigenen Selbst. Der Weg dorthin führt über die Betrachtung in das Sich-Vergessen und Einlassen auf den Moment, auf das Hier und Jetzt. Dies ist der Weg, um das wahre Wesen von allem direkt und unmittelbar zu erfahren, zu sehen und zu ihm zu werden.

Eins werden mit der Natur

Um in diesen Zustand zu gelangen, kann uns die Betrachtung von natürlichen Phänomenen, etwa von der Oberfläche eines Sees oder der Flammen eines Feuers, und anderem in der Natur helfen. Kinder haben oft noch ein ungetrübtes Gespür für diese Wunder, hinter denen sich das wahre Sein verbirgt.

Meine kleine Tochter hatte früher einen Lieblingsplatz, den wir bei gemeinsamen Spaziergängen immer aufsuchten. Hier stand ein ganz besonderer Baum mit zwei sich gabelnden Stämmen. Meine Tochter näherte sich ihm immer behutsam, nahm dann zwischen den Stämmen Platz und lehnte sich vertrauensvoll an. Ganz nah wollte sie bei ihrem Baum sein und konnte sich auch nur schwer von ihrem Freund trennen. Vielleicht kennen auch Sie diese Art von Begegnung mit „magischen" Plätzen in der Natur und das Gefühl der Versunkenheit, des Einsseins. Sie können dieses Einswerden auch im selbstvergessenen Spiel von Kleinkindern beobachten. Wie in einer Meditation wird ein Kind eins mit dem brummenden Flugzeug in seiner Hand oder mit der Puppe, deren Haar es kämmt. Diese Selbstvergessenheit können Sie auch erfahren, wenn Sie wieder lernen, sich ganz einzulassen.

Natur als Helfer

Im Gehen in der freien Natur gelingt dies besonders leicht, da sie zur Betrachtung und Versenkung einlädt. Durch den regelmäßigen Bewegungsablauf beim langsamen, bewussten Gehen, Wandern oder Pilgern gerät man leicht in den Zustand der Stille und der Versenkung. Während man einen Schritt vor den anderen setzt, verschwinden störende Gedanken. Man ist mit jeder Faser seines Körpers, seinem Geist und seinem ganzen Sein auf dem Weg, in der Natur und wird zu einem Teil von ihr. So kommen störende und trennende Gedanken endlich zur Ruhe, und man beginnt wirklich zu sehen.

In der Naturmeditation erfährt der Meditierende die Energie des Baumes und wird zum Baum selbst.

24

NATURMEDITATION

In jener Zeit, als ich im Wald lebte, faszinierte mich die Betrachtung von Bäumen, die mich zur Meditation einluden. Wenn Sie dieselbe Erfahrung machen möchten, suchen Sie sich auf einem Spaziergang durch den Wald oder einen Park einen Baum aus und schenken sich genügend Zeit, um ihn zu betrachten. Durch das innere Sehen, das sich dabei unwillkürlich einstellt, nehmen Sie die Energien des Baumes und seine Lebenskraft wahr. Es ist ganz einfach.

- Stellen Sie sich von verschiedenen Seiten vor den Baum oder lehnen Sie sich an ihn an. Sie können Ihre Augen ein wenig schließen, sodass Sie nur seine Umrisse sehen. Dabei stellen Sie unter Umständen fest, dass sich eine Seite des Baumes zugänglicher und offener zeigt als die andere. Im Grunde verhält es sich bei der Begegnung mit einem Baum wie mit einem anderen Menschen. Bei dem einen finden Sie sofort einen Zugang, bei dem anderen gelingt dies weniger gut.
- Wenn Sie nun den richtigen Baum gefunden haben, stellen Sie sich vor ihn, mal etwas näher an ihn heran, mal weiter weg. Bevor Sie sich auf den Baum sammeln, konzentrieren Sie sich zuerst auf das Energiezentrum unterhalb Ihres Nabels. Schließen Sie Ihre Augen und legen Sie Ihre Hände übereinander auf ihren Unterbauch.
- Atmen Sie nun langsam in Ihren Bauch hinein und spüren Sie die Dehnung beim Einatmen und das Flachwerden beim Ausströmen Ihres Atems.
- Dann betrachten Sie den ganzen Baum in seiner majestätischen Schönheit. Sie können auch ganz nah an seinen Stamm herangehen und ihn berühren. Lassen Sie sich ganz auf diese Begegnung ein. Ihre Gedanken ziehen fort.
- Anfangs nehmen Sie nur die äußere Wirklichkeit des Baumes wahr. Lassen Sie die Bilder seiner Krone, seines Stamms und seiner Äste auf sich wirken. Versuchen Sie seine Wurzeln zu spüren und sich immer mehr auf den Baum einzulassen.
- Spüren Sie die Energie des Baumes und werden Sie zum Baum selbst.
- Wenn es Ihnen danach ist, die Meditation zu beenden, sammeln Sie sich kurz in Ihrem Unterbauch, betrachten Ihren Atem und beenden Sie die Übung.

Sie können auch zu Hause vor einer Pflanze eine Meditation durchführen. Dazu setzen Sie sich in Ruhe hin, schließen halb Ihre Augen, richten Ihre Aufmerksamkeit auf Ihren Atem und dann auf die Pflanze. Wenn es Ihnen danach ist, die Meditation zu beenden, sammeln Sie sich kurz, betrachten Ihren Atem und beenden die Übung.

AUS DER WELT
IN DIE STILLE

Die Menschen begutachten das Wesentliche, aber es scheint ihnen nicht brauchbar, nicht brauchbar für ihre Wirklichkeit, das aber ist das Wesentliche, dass es nicht brauchbar ist für ihre Wirklichkeit, denn ihre Wirklichkeit ist nicht Wesens-Verwirklichung.

Laotse

VOLLER VERTRAUEN INS LEBEN

Ich zog weiter und diesmal in ein Häuschen im Chiemgau in der Nähe der Alpen. Hier war ich nicht allein, da mich mein kleiner Hund Swazi begleitete. Oft saß ich am See, schaute auf die Wellen und übte mich in der Betrachtung der Natur und der Versenkung. Immer wieder gelang es mir, mich zu vergessen, und ich wurde zur Welle oder zum spiegelglatten Wasser. Manchmal hing mein Geist dabei an der Oberfläche und wurde von den Wellen des Alltags bewegt, dann aber tauchte er wieder tief ein bis auf den Grund des Sees.

Mein Lebensziel: Noch mehr ins Jetzt zu kommen

Solange ich ganz für mich allein lebte, gelang es mir, in Verbindung zu bleiben, das Tor zum Jetzt offen zu halten und das Glück im Jetzt zu erfahren. Kam ich hingegen wieder mehr mit anderen Menschen zusammen, war dies schwierig. Dann fiel ich wieder in das „Kleine Ich" (Sho Ga, siehe Seite 101) zurück. Ich musste erkennen,

26

dass eine einmalige, tiefe Erfahrung nicht andauerte, wenn ich nicht stetig meinen Geist schulte und versuchte, ihn immer wieder zu leeren.

Aber die Welt, das geschäftige Alltagstreiben und die Menschen um mich herum mit ihren Vorstellungen und Wünschen machten es mir schwer, in Verbindung zu bleiben. Auch regten sich wieder stärker Gedanken und Ängste.

Fragen tauchten auf und quälten mich: Wie würde es wohl weitergehen? Wie könnte ich mein Auskommen in dieser Welt finden? Und: Wie würde es mir gelingen, dabei meinen Zustand der Einheit beizubehalten? All diese Gedanken über Vergangenheit und Zukunft trübten meine Wachheit und mein Leben im Moment. Doch wusste ich intuitiv hierauf Antworten zu finden. Ich beschloss, mich wieder auf den Weg zu machen und weiterzuziehen. Ohne Geld und einen genauen Plan für den Tag machte ich mich so auf meinen ersten Pilgerweg.

In der Meditation ist der Geist klar und leer wie ein spiegelglatter See.

Im Gehen zu sich selbst kommen

Diese Art des Pilgerns, die ich später auf vielen heiligen Wegen des Morgen- und Abendlandes fortsetzen sollte, bedeutete für mich etwas ganz Besonderes. Ich gab mich dabei voller Vertrauen auf den Weg unter meinen Füßen und gab mich ganz in ihn hinein – mit jedem Schritt von Neuem.

Barfuß machte ich mich auf, nur mit einer Decke zum Schlafen und einer Flasche Wasser ausgerüstet, und wanderte in Richtung Berge. Swazi lief munter neben mir her, und wir gingen fernab von Straßen und Wegen über Wiesen und durch Wälder auf die Kampenwand zu. Mit jedem Schritt, den ich machte, kam mein Geist wieder zur Ruhe. Abends fanden wir einen Schlafplatz im Wald. Hier meditierte ich auf dem weichen, nach Fichtennadeln duftenden Boden. Ein vertrautes Gefühl stellte sich ein: Ich wusste zwar nicht, wo ich war, fühlte mich aber sicher und aufgehoben. Nur die Geräusche des Waldes umgaben mich. Alles war gut, so wie es war.

Danach rollte ich mich in meine Decke und schlief ein. Als mich die ersten Sonnenstrahlen weckten, setzte ich mich, betrachtete meinen Atem und blieb so bei mir, ohne dass meine Gedanken mir die Wirklichkeit des Moments verstellen konnten.

> ALLE GEDANKEN SIND NUR ERSCHEINUNGEN
> DEINES GEISTES, WIE WOLKEN AM HIMMEL,
> VÖLLIG SUBSTANZLOS.
> LASS' SIE ZIEHEN!

Ein Freund hat für diese Gedankentrübungen ein gutes Bild gefunden: Unser Geist ist wie eine leere Bühne, auf der nach und nach alle möglichen Akteure, Geister und auch Monster auftreten. Sie heißen „Verlass-mich-nicht-Monster" oder „Wie-wird-es-weitergehen-Geist", sind wild und bedrohlich und können uns den Schlaf rauben. Dabei sind sie in Wirklichkeit ohne Substanz, denn es handelt sich bei ihnen ausschließlich um Konstrukte unseres Geistes. Sie sind deshalb auch nicht Ausdruck eines wahren „Ich", sondern nur Trübungen, wie die eines aufgewühlten Wassers.

Nach meiner Meditation ging ich weiter. Meine Füße schmerzten. Doch der Tag schenkte mir einen blauen Himmel, und jeder Schritt trug mich weiter zum Gipfel. Nachdem wir ihn endlich erklommen hatten, machte ich abends dort oben ein großes Feuer. Dazu sammelte ich zwischen den Felsen Zweige, Reisig und getrocknete Nadelhölzer, bis ich einen ordentlichen Haufen an Brennholz zusammen hatte, den ich entzündete. Die Flammen erhellten den Gipfel und tauchten ihn in ein feierliches, wunderbar schillerndes Licht. Auf diese Weise dankte ich, wie die Menschen vor Jahrtausenden, mit einem Feuerritual dem Tag, dankte Erde und Himmel.

Aus der Stille in die Welt

Als es nachts plötzlich stark zu regnen begann, mussten mein Hund und ich in einer schmalen Felsspalte Schutz suchen. Offenbar war bei meiner Feuerzeremonie irgendetwas schiefgelaufen … Vor dem Abstieg anderntags konnte ich keinen Schritt mehr tun. Die spitzen Steine und Felsen beim Aufstieg hatten meinen Sohlen so zugesetzt, als ob ich auf einem Fakirbrett gelaufen wäre. Um weiterzukommen, setzte ich mich

immer wieder, um mich zu sammeln. Als wir nach tagelanger Wanderung wieder bei unserem Häuschen angelangt waren, neigte sich der Sommer eben dem Ende zu. Meine nächste Etappe führte mich wieder hinaus ins Treiben der Welt. In München begann ich, klassischen Gesang zu studieren, und arbeitete daneben als Taxifahrer. Nur unter Mühen gelang es mir, meine Wachsamkeit zu bewahren. Denn die Anforderungen des Alltags bestanden aus Analyse und Trennung. Ich lernte, dass die Erfahrung von Einheit verschwand, solange ich nicht mit Ausdauer weiter an meinem Geist arbeitete.

Der Herbst zeigt das nahende Ende eines Jahres und die Vergänglichkeit des Lebens an.

DIE AUSDAUER ENTWICKELN

DIE 3. ERKENNTNIS:

VERSUCHE DIE AUSDAUER EINES JAPANISCHEN
SCHWERTSCHMIEDES ZU ERLANGEN, DER IMMER
WIEDER DAS EISEN ERHITZT UND SCHLEIFT.
ÜBER LANGE ZEIT UND NUR DURCH SEINE
BEHARRLICHKEIT GELINGT ES IHM SO,
EIN GUTES SCHWERT ZU FORMEN.

Die Kunst, in die Stille zu gehen

Ich hatte festgestellt, dass ich alleine mit meinen meditativen Übungen nur mit Mühe vorankam. Deshalb machte ich mich auf die Suche nach einer Gruppe. Über die japanische Botschaft bekam ich Kontakt zu meiner ersten Zen-Lehrerin Hildegund Graubner, die ganz in der Nähe meines Elternhauses lebte. Nur zu schnell erfuhr ich während eines intensiven Zen-Wochenendes die Schwierigkeiten des Zen-Sitzens. Wir übten Tag für Tag das stille Sitzen „Zazen", immer zwei bis drei Stunden am Stück, nur unterbrochen von „Kinhin", der Gehmeditation (siehe Seite 109). Mein Rücken schmerzte, und meine Gedanken störten mich ständig. Jeden Nachmittag übten wir außerdem „Samu". Diese Zen-Übung besteht aus alltäglichen Handlungen, zum Beispiel dem Abwaschen, dem Bodenschrubben oder dem Kehren auf dem Hof. Auf diese Weise wurde meine Ausdauer gleich zu Beginn auf die Probe gestellt.

Den Alltag als Übungsfeld erkennen

Letzten Endes geht es beim Zen-Üben nur um unser Leben und unseren Alltag. Im Leben gibt es vieles, das geschieht, ohne dass wir es kontrollieren können. Doch für unsere Geisteshaltung können wir Verantwortung übernehmen und sie verändern. Das wirksamste Mittel gegen Angst und Rastlosigkeit, Abneigung, Festhalten und Unzufriedenheit, so lehrt uns der Buddhismus, ist: Meditation. Doch verlangt das Sitzen Ausdauer. Wenn Sie anfangen zu meditieren, ist das Üben in einer Gruppe durchaus hilfreich, um Beharrlichkeit zu entwickeln. So lernen Sie im stillen Sitzen oder achtsamen Tun allmählich Muster und Gewohnheiten Ihres Ichs kennen, die immer wieder Ihren Geist trüben. Auf dem Weg zum wahren Ursprung Ihres Selbst können allerdings auch unangenehme, verdrängte Erfahrungen auftauchen und Ihnen das Meditieren schwer machen. Bleiben Sie dennoch bei sich und schenken Sie sich Ausdauer, auch wenn es manchmal schmerzt und Sie lieber aufhören wollen. Die Erfahrungen von Ruhe, von Klarheit und Wachheit wirken mit ausdauerndem Üben über die eigentliche Meditation hinaus. Die stetige Sammlung lässt Sie schneller wieder aus der Verstrickung Ihres Geistes und Ihrer Muster lösen. Wenn Sie Unterstützung für Ihre Ausdauer brauchen, suchen Sie Kontakt zu einer Gruppe. Das geduldige Üben wird Ihr Leben bereichern.

Im Rinzai-Zen gehen die Meditierenden beim Zazen tief in die Leere des Moments.

ZEN-MEDITATION – DIE DREI PFEILER DES ZEN

Das Wort „Zen" ist die japanische Lesart des chinesischen Schriftzeichens „Chan" und stammt ursprünglich aus dem Sanskrit: „Dhyana" bedeutet so viel wie „Sammlung des Geistes". Dabei sammelt sich der Meditierende auf die Atmung und taucht mehr und mehr in die Ruhe des Geistes, das Leere Ich (Mu Shin, siehe Seite 101) ein. Nehmen Sie sich für diese Übung 20 Minuten Zeit.

Körper

- Setzen Sie sich möglichst im Schneidersitz auf eine Sitzmatte oder ein Sitzkissen. Hilfreich ist es, sich dabei nicht ganz auf das Kissen zu setzen, sondern nur auf den Rand. So gelingt es leichter, die Knie möglichst nahe am Boden zu halten.
- Strecken Sie Ihren Scheitel zum Himmel. Mit Ihrem Becken und Ihren Beinen sind Sie gut in der Erde verankert, wie ein Berg, der eine stabile Basis hat.
- Schließen Sie nun halb Ihre Augen und richten Ihren Blick auf einen etwa einen halben Meter vor Ihnen liegenden Bereich am Boden. Eine Hand ruht in der anderen, sodass Ihre Finger übereinanderliegen und die Daumen sich leicht berühren. Ihre Hände bilden so ein Oval. Die Daumen halten Sie in Nabelhöhe.

Atmung

- Richten Sie nun Ihre Aufmerksamkeit auf Ihren Unterbauch, den „Hara". Nehmen Sie dort die Bewegung Ihres Atems wahr. Spüren Sie beim Einatmen, wie sich Ihr Bauchbeckenraum wölbt. Beim Ausatmen senkt er sich wieder. Lassen Sie den Atem in sich einströmen und schenken Sie Ihrem Ausatem besondere Aufmerksamkeit. So kommt Ihr Geist zur Ruhe, und Sie verbinden sich mit Ihrem Hara – Ihrer Mitte. Diese Übung nennt man „Sui Soku Kan", die Übung des Atem-Beobachtens.

Geist

- Sammeln Sie Ihre Gedanken, Gefühle und alles, was in Ihnen vorgeht. Konzentrieren Sie sich nur auf die Bewegung Ihres Atems in Ihrem Bauchbeckenraum. Lassen Sie Ihre Gedanken einfach kommen und gehen, wie Wolken am Himmel.

Wenn es Ihnen danach ist, die Meditation zu beenden, öffnen Sie langsam Ihre Augen, strecken Ihre Beine und stehen wieder auf.

LOSLASSEN UND GEHEN

AUF DEM WEG SEIN

Erst im Loslassen von Gestern und Morgen komme ich im Jetzt an, gewinne Vertrauen ins Sein und in mich selbst. Jetzt bin ich bereit, kann wirklich annehmen und mich zugleich dem, was ich tue, hingeben. So komme ich in die Wirklichkeit, zu der ich in jedem Moment Zugang habe.

DIE VERBUNDENHEIT ERHALTEN

Drei Jahre lang übte ich nun Zen-Meditation in einer Gruppe in München, versuchte möglichst jeden Tag zu sitzen und zu meditieren und besuchte immer wieder auch das Zentrum von Hildegund Graubner auf dem Land. Doch war mir auch wichtig, andere Meister östlicher Traditionen aufzusuchen, um von ihnen zu lernen. Neben meinem Gesangsstudium und meiner Arbeit als Taxifahrer lernte ich so, wie man seinen Geist stetig schulen kann. Meine Erfahrung von jenem Dezembertag lag nun schon einige Zeit zurück, half mir aber durch die bloße Erinnerung daran, auf dem Weg zu bleiben und mich zu bestärken. Wichtiger war jedoch die regelmäßige Übung. Nur durch sie gelang es mir, die anfänglich so starke Verbundenheit mit dem Ursprung zu bewahren. Sobald mich das Alltagsgewimmel erfasste und ich nicht meditierte, fiel ich wieder leichter in die Verstrickung mit dem Außen.

Üben und pilgern

Ich beschäftigte mich weiter mit den buddhistischen Lehren und speziell mit dem Zen-Buddhismus, der im 6. Jahrhundert unter dem Einfluss des Taoismus, der philosophisch-religiösen Lehre in China, entstandenen Schule. Begründet wurde er von dem indischen Mönch Bodhidharma. Geboren wurde dieser um 440 in Kanchi, der Hauptstadt des südindischen Königreichs Pallava. Bereits als junger Mann konvertierte er zum Buddhismus und wurde dessen 28. Patriarch. Nach abenteuerlichen Reisen kam er im Jahr 475 nach Südchina und schließlich in das Shaolin-Kloster, wo er fortan wirkte. Viele Legenden ranken sich um ihn. Eine davon besagt, dass er neun Jahre lang in einer Höhle mit dem Gesicht zu einer Felswand meditierte (siehe Seite 118). Im 13. Jahrhundert gelangte der Zen dann nach Japan, wo er den Alltag und vor allem die Alltagskultur und die Künste durchdrang.

Sich vom Weg nähren lassen

Im Jahr darauf zog es mich wieder hinaus aufs Land, wo ich mit Freunden auf einem Bauernhof am Ammersee lebte. Von hier aus pilgerte ich bis ins Chiemgau. Erneut ging ich einfach los und verließ mich ganz auf den Weg, der mich tragen und nähren würde. Tagelang zogen mein Hund und ich über Felder und durch Wälder. Wir schliefen in verlassenen Häusern und unter Brücken. Unser Essen erbettelte ich, und die Menschen waren freundlich und gut zu uns: Das lehrte mich, Vertrauen in meinen Weg zu haben und Dankbarkeit.

Seit alters ist die Kunst des Zen-Flötenspiels (Shakuhatchi) tief verankert in der japanischen Kultur.

DAS LOSLASSEN LERNEN

DIE ERKENNTNIS:

SORGE DICH NICHT UM MORGEN,
DENN DER MORGIGE TAG WIRD FÜR DAS SEINE SORGEN.
LASS GESTERN GESTERN SEIN UND MORGEN MORGEN.
LEBE HEUTE!

Zuversicht in den Weg haben

„Sorge dich nicht um morgen und lebe stattdessen ganz im Hier und Jetzt." In großer Ähnlichkeit haben Jesus in der Bergpredigt wie auch Buddha diesen ermutigenden und zugleich herausfordernden Satz formuliert. In beiden Lehren geht es darum, das Ich zu überwinden. Wir dürfen darauf vertrauen, dass uns der Weg zum Einen führt und uns dabei auch nährt und erhält. Auf meinem damaligen Pilgerweg wuchsen dieses Vertrauen und die Zuversicht von Tag zu Tag. So erfuhr ich durch die Begegnung mit anderen Menschen wie auch durch den Weg durch die Natur das Gefühl eines allumfassenden Versorgt- und Geborgenseins.

Im Loslassen gewinnen

Wenn auch Sie sich ein Stück weit befreien möchten, kann ich Ihnen die Erfahrung des Pilgerns nur ans Herz legen. Da dies allerdings nicht jedermanns Sache ist, gibt es auch einen weit einfacheren Weg, der sich gut im Alltag beschreiten lässt: Versuchen Sie doch einmal, Ihre persönlichen Meinungen und Bewertungen über dieses und jenes, über Wichtiges und Unwichtiges oder auch über andere Menschen spielerisch loszulassen. Dadurch können Sie sehr rasch die spannende Erfahrung machen, eine Angelegenheit oder eine Person aus einem anderen Blickwinkel sehen zu lernen, und Sie lösen sich aus festgefahrenen Vorstellungen.

Sich innerlich freier machen

Stellen Sie sich dazu auch einmal folgende Alltagssituation vor: Sie sprechen mit einem anderen über ein bestimmtes Thema und sind nicht einer Meinung. Anstatt auf Ihrer Bewertung zu beharren, entwickeln Sie eine Haltung, in der Sie beide recht haben, oder geben Ihrem Gegenüber recht. Damit lassen Sie Ihre eigene Meinung los. Sie werden sehen, dass Sie sich sehr erleichtert fühlen, weil Sie sich einfach aus der Verstrickung des Ichs gelöst haben. Oder: Sie sind mit einer Arbeit beschäftigt und werden plötzlich unterbrochen. Versuchen Sie nun innezuhalten und Ihre ganze Aufmerksamkeit auf Ihr Gegenüber zu richten, anstatt die Person auf später zu vertrösten oder genervt zu reagieren. Dann wenden Sie sich Ihrer Tätigkeit wieder konzentriert zu. Sie werden sehen, dass Sie auf diese Weise durch die Unterbrechung nichts verloren und zugleich den Druck aus der Situation genommen haben.

In der Natur kann der Wanderer innere Freiheit spüren und bleibt durch das Gehen ganz im Jetzt.

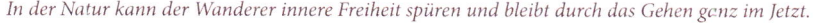

MANTRA-MEDITATION

Die folgende Meditationsübung hilft Ihnen dabei, Ihre Sinne zu reinigen, Ihr Herz zu öffnen, loszulassen und ganz im Jetzt anzukommen. Im Zen spricht man von Reinheit, wenn man absichtslos im Jetzt handelt und ganz wach ist. Denn erst, wenn Vergangenheit und Zukunft die Gegenwart nicht mehr verdunkeln, können wir uns wirklich auf das, was ist, mit unserem ganzen Sein einlassen. Diese japanische Mantra-Meditation können Sie allein oder zu zweit durchführen. Traditionell wird dieses Mantra im Gehen rezitiert.

- Bevor Sie anfangen, atmen Sie noch einige Zeit langsam in Ihren Bauch und spüren das Heben beim Einatmen und das Senken beim Ausströmen Ihres Atems.
- Gehen Sie dann in einem ruhigen Tempo. Setzen Sie bedacht Ihre Füße auf den Weg und gehen ganz bewusst einen Schritt nach dem anderen.
- Nun fangen Sie mit dem Mantra an: „Sange sange, rokkon shocho. Sange sange, rokkon shocho. Sange sange, rokkon shocho." (Deutsch: „Ich verneige mich in Dank und reinige meine sechs Sinne.")
- Beginnen Sie, das Mantra laut zu wiederholen und lassen Sie, wenn Sie wollen, Ihren Begleiter daran teilhaben. Dabei spricht der eine die ersten beiden Wörter, der andere die folgenden. So entsteht eine Verbindung zwischen Ihnen. Sprechen Sie nicht zu schnell und nicht zu langsam, an die Geschwindigkeit Ihres Gehens angepasst. Natürlich können Sie das Mantra auch gemeinsam im Wechsel rezitieren.
- Mit der Zeit und dem Fortschreiten werden Sie feststellen, dass sich Ihre Sinne durch das ständige Wiederholen reinigen. Ihre Gedanken schwinden, und Sie selbst werden innerlich immer leerer. Zugleich stellt sich ein Gefühl der Wachheit ein. Ihre Sinnestore, Ihre Augen, Ihre Nase, Ihre Ohren und Ihre Haut und Ihr Bewusstsein werden sensibler und wacher für alles, was in Ihnen und um Sie herum geschieht.

Lassen Sie das Mantra ausklingen, wenn Ihnen danach ist. Kommen Sie zum Schluss mit Ihrer Konzentration wieder zurück in Ihre Mitte im Unterbauch und konzentrieren Sie sich kurz auf den natürlichen Rhythmus Ihrer Atmung. Das Mantra kann im Gehen oder im Stillen rezitiert werden, aber auch sonst bei der Arbeit oder in der Meditation.

IM FLUSS BLEIBEN

> Betrachtest du einen Fluss von oben, so fließt er in Windungen nach rechts, nach links, manchmal zurück und dann wieder vorwärts. Immer jedoch fließt der Fluss nach unten. Solange ich auf dem Weg bin, bin ich manchmal in tieferen Gewässern und manchmal im Seichten, aber dennoch immer im Fluss.

EINE NEUE GABE ENTDECKEN

Im Zuge meines Studiums östlicher Lehren und Philosophien besuchte ich im Sommer 1984 ein Heilertreffen in Alpbach. Die Erhaltung der Gesundheit wird in den fernöstlichen Heillehren mit einem Garten vergleichen, den man hegen und pflegen muss. Dieser Gedanke beschäftigte mich. Während sich unsere westliche Schulmedizin auf die Analyse und Untersuchung von Details stützt und Gesundheit als die Abwesenheit von Krankheitssymptomen gesehen wird, gründen Heilweisen wie die jahrtausendealte Traditionelle Chinesische Medizin (TCM), die ich in späteren Jahren noch studieren sollte, auf einer ganzheitlichen Sichtweise und den Zusammenhängen von inneren und äußeren Faktoren.

Inspirierende Begegnungen

In Alpbach lernte ich Heiler aus unterschiedlichsten Traditionen kennen. Sufi-Meister, die eine Teilströmung der islamischen Mystik, den Sufismus, lehrten, indische Gurus und indianische Schamanen. Letztlich fühlte ich mich aber am meisten zu einem älteren japanischen Zen-Priester hingezogen. Er unterrichtete Zen-Shiatsu, eine japanische Form der Akupressur. Dabei versucht man mit unterschiedlichen Fingerdrucktechniken den Energiefluss zu verbessern und Blockaden zu lösen. Mit dieser Methode lassen sich eine Reihe von Beschwerden, die auch oft psychische Ursachen haben, gut behandeln. Diese Behandlungstechnik vertiefte ich in Japan.

Sich schützen und gesund bleiben

Der Zen-Priester unterwies uns allerdings noch in einer weiteren Kunst: Er zeigte uns, wie wir uns mithilfe einer besonderen Schutz-Meditation vor bestimmten Einflüssen bewahren konnten, um so unsere Feinfühligkeit zu erhalten. Denn einerseits schenkt das Meditieren eine große Offenheit und Sensibilität, die ja Voraussetzung für jene feine Wahrnehmung der feinstofflichen Energie von allem sind. Andererseits macht dieses Feingefühl anfällig für Störungen – wie sie im Übrigen auch bei einem Zusammentreffen von Heilern aus unterschiedlichsten Traditionen auftreten können. Vor diesen Energien sollte man sich besonders als Anfänger schützen lernen. Mit der Schutz-Meditation können Sie sich vor verletzendem Verhalten ebenso wie vor anstrengenden Zeitgenossen, die unbewusst von Ihnen Energien abziehen, bewahren.

Yin und Yang stellen die Einheit der Gegensätze dar, die helle und die dunkle Seite.

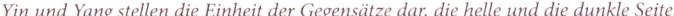

DIE ERKENNTNIS: **2.**

DIE OFFENHEIT SCHÜTZEN

SCHÜTZE DICH AM ANFANG DEINES INNEREN WEGES
WIE AUCH IN SCHWIERIGEN ZEITEN.
SO BEWAHRST DU DIR DEINE SENSIBILITÄT UND
WACHHEIT ZUGLEICH.

Auf seine Energien achten

Wenn Sie sich dem Wesen der Dinge öffnen möchten, um so die alles durchdringende Energie mehr wahrzunehmen, ist es von besonderer Wichtigkeit, dass Sie langsam und achtsam mit dieser neuen inneren Haltung umzugehen lernen. Da Sie durch das regelmäßige Meditieren eine erhöhte Wahrnehmung erreichen, können Dinge wie beispielsweise Lärm, Lichtreize und andere Stressfaktoren anfangs schneller in Sie eindringen und Ihnen zu schaffen machen. Auch Gefühle und Forderungen von anderen Menschen, denen Sie begegnen, können Sie manchmal schnell wieder aus Ihrer Mitte bringen, Ihnen Energie abziehen und Sie in alte Verhaltensmuster zurückfallen lassen.
Je offener Sie durch das Üben werden, umso wichtiger ist es, auf Ihre Energien zu achten und sich auch zu schützen. So gelingt es Ihnen besser, bei sich zu bleiben und die Energien, die auf Sie einwirken, zu filtern.

Wach und gut geschützt

Insbesondere Menschen, die von Natur aus sehr sensibel sind, die dazu neigen, viel für andere da sein zu müssen, oder sich erst neu auf ihren geistigen Weg begeben. müssen lernen, achtsam mit ihren Energien umzugehen und sich schützen lernen. Tatsächlich ist es so, dass Ihre Erfahrungen auf Ihrem Weg dazu führen können, dass die Schutzmauer, die Sie um sich aufgebaut haben, durchlässiger wird und dadurch brüchig werden kann. Manche meiner Patienten haben in der Meditation starke Erfahrungen gemacht, die sie selbst nicht zuordnen können und bei denen eine Diagnose in die falsche Richtung gehen kann. Aus spiritueller Sicht kann es sich dabei immer wieder um normale Erfahrungen handeln, die sich durch den inneren Weg ergeben. Gehen Sie es daher lieber langsamer an und sammeln Sie sich immer wieder gut in Ihrer Mitte. Wenn Sie gut bei sich und mit Ihrer Mitte verbunden sind, ist das der beste Schutz.

Die Schutzmeditation, in der uns unser Zen-Priester damals in Alpbach unterwies, ist zu diesem Zweck auch äußerst hilfreich und für alle Lebenssituationen geeignet, die Sie als unklar oder belastend empfinden. Das kann ein schwieriges Gespräch sein, das Sie mit einem anderen Menschen führen müssen, beispielsweise in einer Konfliktsituation oder wenn Sie etwas Bestimmtes klären möchten. Sie kann Ihnen dabei helfen, Ihre neu gewonnene Klarheit und Sensibilität aufrechtzuerhalten, ohne verletzt zu werden. Nicht zuletzt bietet Ihnen diese wunderbare Visualisierungsübung auch Sicherheit, wenn Sie sich krank, schwach oder angegriffen fühlen.

Auf einem starken Fundament sollte ein Tempel errichtet sein, wie auch die Grundlage Ihres Weges.

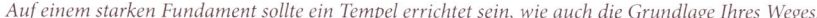

SCHUTZMEDITATION

Bei dieser einfachen Visualisierungsübung, spannen Sie Lichtkreise um sich herum. Auf diese Weise können Sie sich und Ihre Sensibilität schützen, ohne sich jedoch dabei gegen die Außenwelt zu verschließen. Diese Übung gebe ich auch heute noch gerne Schülern und Patienten weiter. So gewinnen Sie eine Art Filter gegen alles, was Ihnen im Moment zu viel ist, oder wenn Sie den Eindruck haben, dass Ihre Haut momentan „zu dünn" ist.

- Ziehen Sie sich an einen ruhigen Platz in Ihrer Wohnung zurück. Nehmen Sie sich zehn bis zwanzig Minuten Zeit für sich und setzen Sie sich bequem auf ein Sitzkissen oder eine Matte. Wenn es Ihnen lieber ist und Sie sich besser entspannen, können Sie sich auch hinlegen.
- Konzentrieren Sie sich nun auf das Energiezentrum unterhalb Ihres Nabels im Bauchraum (Hara). Schließen Sie Ihre Augen und legen Sie Ihre Hände übereinander auf Ihren Unterbauch.
- Atmen Sie nun langsam in Ihren Bauch hinein und spüren Sie Ihre Atembewegung.
- Lassen Sie jetzt aus ihrer Mitte heraus die Farbe Gelb entstehen. Das gelbe Licht breitet sich nun durch Ihren ganzen Körper bis in Ihre Finger, Zehen und Kopf aus. Es strömt dann weiter aus und legt sich als gelber Lichtkranz um Ihren Körper.
- Lassen Sie jetzt aus Ihrer Mitte die Farbe Grün entstehen. Das grüne Licht breitet sich in gleicher Weise aus und legt sich als grüne Lichthülle über das gelbe Licht.
- Lassen Sie aus Ihrer Mitte die Farbe Rot entstehen, das sich wieder ganz in Ihrem Körper ausbreitet und sich nun über den grünen Lichtkranz um Ihren Körper legt.
- Nun entsteht die Farbe Blau aus Ihrer Mitte, breitet sich aus und legt sich als blauer Lichtkranz über den roten Lichtkranz um Ihren Körper.
- Als letzte Farbe lassen Sie Violett aus Ihrer Mitte aufsteigen. Das violette Licht breitet sich wieder aus und legt sich abschließend über den blauen Lichtkranz.

Zum Schluss sehen Sie von innen heraus um Ihren Körper und versuchen, die gelbe, grüne, rote, blaue und violette Lichthülle um sich wahrzunehmen. Die Stärke des Lichtkranzes kann unterschiedlich sein. Es kann einige Zeit dauern, bis es Ihnen gelingt, den Lichtkranz deutlich vor Ihrem inneren Auge zu sehen. Haben Sie Geduld mit sich. Um den Schutz zu erhalten, sollten Sie immer wieder versuchen, den Lichtkranz wahrzunehmen und ihn bei Bedarf neu aufzubauen.

DIE BRÜCKE INS KLOSTER

Vertrauen gewinne ich allein aus dem Innen. Dazu muss ich lernen, warten zu können und mir zu vertrauen. Sicherheit im Außen gibt es nicht wirklich. Alles Scheinbare kann von einem Moment zum anderen verschwinden. Sicherheit und Vertrauen erwachsen aus dem Inneren. Hier entsteht wahres Vertrauen, Selbst-Vertrauen und Vertrauen ins Leben.

DIE ENTSCHEIDUNG FÄLLT

Im Herbst des Jahres 1984 sollte der Zen-Meister Yamada Bunryo Roshi aus dem Eigen-Ji-Zen-Kloster in der Nähe von Kyoto zu einem Sesshin in das Zen-Zentrum von Hildegund Graubner kommen. Bei einem Sesshin handelt es sich um eine Meditationswoche, bei der die Schüler intensiv Zen üben. Da ich bereits zwei Zen-Wochenenden hinter mir hatte, ahnte ich, was auf mich zukommen würde: Tagelanges Schweigen, wenig Schlaf, stundenlanges Sitzen und immer wieder Schmerzen. Trotz der bevorstehenden Anstrengungen wollte ich meinen Weg unbedingt weitergehen und noch intensiver üben, meinen Geist zu leeren, um klar und wacher zu werden. So hieß es also, frühmorgens aufzustehen, dreißig Minuten im Sitzen und anschließend im Gehen zu meditieren. Anschließend fand die Begegnung mit dem Meister statt (Doxan). Er stellte mir eine Frage, einen sogenannten Koan.

WIE WARST DU IN DER STUNDE DEINER GEBURT?
(KOAN-AUFGABE)

Dieser Koan besteht aus einer Frage oder Aufgabe, die ein Schüler intuitiv lösen muss. Darüber nachzudenken, führt zu keiner Lösung. Für den Laien klingt ein Koan zunächst jedoch völlig paradox und unverständlich. Ziel der Koan-Praxis ist es, den Sinn der Frage oder Aussage von innen zu erfassen. Durch die Leere des Geistes werde ich zur Antwort selbst, genauso wie durch andere Übungen des Zen. Ich konnte jedoch auf den Koan des Zen-Meisters keine passende Antwort finden ... Als ich ein paar Tage später wieder als Taxifahrer arbeitete – ausgerechnet während des Oktoberfestes in München –, erlebte ich den Wahnsinn von Menschen außer Rand und Band, die sich begrapschten oder prügelten oder sich über mich mit meinen langen Haaren und ebenso langem Bart als fahrenden Jesus lustig machten. Der Abstand zwischen meiner inneren Welt und der da draußen hätte nicht größer sein können. So fasste ich an meinem vierundzwanzigsten Geburtstag den Entschluss, Zen-Mönch zu werden und zu Yamada Bunryo Roshi nach Japan zu gehen.

Unterwegs zu mir

Nun begann der eigentliche Schritt, das Loslassen meines ganzen Lebens hier. Das war weniger schwer, als man annehmen könnte, denn ich wusste intuitiv, dass ich das Richtige tat. Ich verabschiedete mich noch von meiner Mutter und meinem Vater. Ihre Ehe bestand mittlerweile nur noch auf dem Papier, und mein Vater hatte mit seiner neuen Lebensgefährtin bereits einen zweiten Sohn. Vielleicht war ihm dies damals ein Trost, da ich für seine Zwecke und als Nachfolger in seinem Unternehmen verloren war. Ich verschenkte alles, was ich noch besaß. Am Vorabend des Weihnachtsfestes im Jahr 1984 brachte mich meine Schwester Bettina zur Autobahneinfahrt nach Salzburg. Da stand ich nun mit einem Rucksack, einer Decke und ein wenig Geld an der Autobahn, und es schneite leicht. Ich hob meinen Daumen, und die große Reise, mein großer Pilgerweg, begann. Und obwohl es kalt war, hatte ich ein Gefühl der Wärme in mir. Ich hatte weder Bedenken noch Angst.

VERTRAUEN IN SICH HABEN

DIE 3. ERKENNTNIS:

ERST IM LOSLASSEN SIND WIR WIRKLICH FREI VON ANGST. SO ERWÄCHST AUF NATÜRLICHE WEISE DAS VERTRAUEN IN DAS WAHRE SELBST UND IN DAS LEBEN.

Alles ist in Ordnung: „Buji"

An jenem Tag, als ich von zu Hause in die Ferne aufgebrochen war, wie auch an vielen weiteren Tagen auf meiner Reise, hatte ich morgens nicht die geringste Ahnung, wo ich auf meinem Weg landen würde, wo ich einen Schlafplatz oder etwas zu essen bekommen würde. Doch es war alles in Ordnung, „Buji" (無事), wie es in Japan heißt.

Mit diesem Aufbruch ins Ungewisse hatte ich unbewusst eine weitere Erfahrung machen dürfen. Ich hatte alles, was scheinbar im Außen so wichtig war, losgelassen und war trotzdem nicht verloren. Das Studium, meinen Taxifahrerjob, meine Plattensammlung, Kleider, finanzielle Sicherheit hatte ich leichten Herzens weggegeben. Dieser Schritt war zwar radikal, aber absolut notwendig, denn er öffnete mir einen Raum in meinem Inneren, in dem ich mich noch tiefer erfahren konnte. Ich wusste, solange ich ganz im Jetzt blieb, war alles in Ordnung und durch meine Wachheit auch sicher. Mein Verzicht war also keineswegs ein Verlust, sondern gab mir eine neue Freiheit, und auch das Gefühl von großem Vertrauen entstand in mir.

Der Weg ist für jeden jederzeit offen

Im Loslassen finden Sie nicht nur mehr innere Freiheit, sondern auch mehr Vertrauen. Das betrifft, wie im letzten Kapitel gezeigt, Ihre Bewertungen und Meinungen, aber auch Gefühle wie Ängste, Sorgen und Befürchtungen sowie das Verhaftetsein in der Vergangenheit oder in der Zukunft. Ständig sind wir im Kopf nebenbei am Planen für morgen, um nicht den Überblick oder die Kontrolle über mögliche Geschehnisse zu verlieren. Dabei ist Vergangenes vergangen und Zukünftiges noch nicht da und damit außerhalb der Realität des Moments. Versuchen Sie einmal, alles loszulassen, was sie festhält und lähmt, und folgen Sie Ihrer inneren Stimme.

Lassen Sie sich nicht zu sehr ablenken von Meinungen anderer. Auch Angst ist hier kein guter Ratgeber. Lassen Sie sich einfach einmal von innen leiten, von Ihrem Bauchgefühl. Auf diese Weise werden Sie wieder offen für das, was Ihnen begegnet und was auf Sie zukommt. Sie lösen sich aus der Erstarrung, die aus der Angst vor irgendwelchen Ungewissheiten, aus Kontrollmustern und Gedanken entsteht. Und Sie gewinnen die Gewissheit, dass Sie immer weitermachen können, auch wenn Sie vielleicht glauben, dass nichts mehr geht. Ihr Leben wird so viel leichter werden. Die nächste Übung kann Ihnen dabei helfen, ein Gefühl dafür zu gewinnen, wie einfach Loslassen sein kann.

Das Blatt im Wasser zeigt das unentwegte Verändern und Vergehen des Seins.

EIN PILGERTAG

Im Leben kommt es immer wieder zu Wendepunkten. Sei es, dass Sie eine Entscheidung treffen müssen und nicht wissen, wie diese aussehen soll. Vielleicht ist es auch das Leben an sich, das sich festgefahren hat und in einer gewissen Weise in Routine erstarrt ist. Man erledigt seine Arbeit, seinen Alltag, doch etwas im Inneren scheint zu fehlen. Die folgende Übung kann Ihnen eine Hilfe bieten, um wieder mehr auf sich und die innere Stimme zu hören und neue Wege im Alltag zu beschreiten.

- Nehmen Sie sich einen Nachmittag lang Zeit und nichts weiter vor, als an diesem Tag einmal völlig unbekannte Wege zu beschreiten. Kleiden Sie sich bequem und der Witterung entsprechend und sorgen Sie gegebenenfalls auch für geeignetes Schuhwerk. Nicht jeder Mensch liebt das barfüßige Pilgern oder Blasen an den Füßen.
- Verzichten Sie auf eine Uhr, ein Handy, einen Kompass, eine Wanderkarte oder einen Stadtplan. Vertrauen Sie auf sich und den Weg, der sich Ihnen darbietet.
- Nehmen Sie sich kein konkretes Ziel vor und gehen Sie hinaus.
- Versuchen Sie Ihren Weg mit jedem Schritt als Ziel zu erfahren und den Moment als Geschenk. Gehen Sie mit offenen Augen durch die Landschaft, durch Ihren Ort, den Park, einen Wald oder Ihre Stadt und öffnen Sie Ihr Herz. Achten Sie gleichzeitig darauf, dass Sie sich nicht zu sehr im Außen verlieren, sondern immer auch mit sich und Ihrer Mitte verbunden bleiben.
- Wenn Sie möchten, können Sie das Mantra sprechen oder rezitieren, welches ich Ihnen auf Seite 38 gezeigt habe.
- Lassen Sie sich überraschen von Ihrem intuitiv gewählten Weg unter Ihren Füßen und bleiben Sie offen für das, was oder denjenigen, der Ihnen auf Ihrem Weg begegnet. Vielleicht treffen Sie auch jemanden, der Ihnen etwas sagt, wodurch Ihnen etwas klar wird. Oder Sie erkennen ein Thema deutlicher, das Sie beschäftigt, und sehen etwas, das Ihre Sicht der Dinge verändert.

Wenn Sie das Gefühl haben, es ist gut, dann machen Sie sich wieder auf den Rückweg. Denken Sie daran, dass der Weg immer unter Ihren Füßen ist, und vertrauen Sie auf sich, auch auf Ihrem Weg nach Hause. „Buji" oder „Alles ist in Ordnung".

UNTERWEGS ZU MIR

WAHRES HEIMKEHREN

Ich bin zu Hause in mir, auch wenn ich unterwegs bin. Überall dort, wo ich bin und wo ich ankomme, ist mein wahres Zuhause. Das wahre Heimkehren bedeutet, wirklich bei sich selbst ange-kommen zu sein. Dabei ist der Weg und dass ich ihn gehe, wich-tiger als das Ziel, das ich mir vorgenommen habe.

WACH FÜR DAS UNVORHERGESEHENE

An meinem ersten Reisetag fiel Schnee vom Himmel. Trotzdem fror ich nicht, sondern freute mich über die in aller Stille vom Himmel fallenden Flocken. So stand ich am Straßenrand, voller Vertrauen, dass mich ein Autofahrer ein Stück des Weges mitnehmen würde. Und so geschah es auch: Nach 40 Kilometern hatte ich mein erstes Etappenziel erreicht. Hier in der Nähe von Rosenheim hatte ich vor ein paar Jahren einige Zeit am See nahe der Berge verbracht. Gelassen konnte ich jetzt einen Blick auf dieses Stück Weg hinter mir werfen. Nach wie vor spürte ich tief in mir Zuversicht und Freude über den Schritt, den ich gemacht hatte.

Nun saß ich an Autobahntankstellen und sprach Autofahrer an, ob sie mich mit-nehmen könnten. Schritt für Schritt ging es so bis zur österreichischen Grenze. Hier fand ich eine Mitfahrgelegenheit nach Istanbul. Kurze Zeit blieb ich hier, dann ging es weiter in den Iran. Wir waren unterwegs in die Berge Ostanatoliens, als bei einer Rast einer der mitfahrenden Iraner auf mich zukam und mir eine Handvoll Nüsse in die Hand drückte. Lachend rief er: „Merry Christmas!" Ich bedankte mich sehr für dieses einfache Geschenk, das mich zutiefst freute.

Mit offenem Herzen aufgenommen

Als ich in Teheran angekommen war, meinte es das Schicksal wieder gut mit mir. Ich kam ins Gespräch mit einem jungen Iraner, der recht gut Englisch konnte. Er nahm mich – ohne wirklich zu wissen, wer ich war und was ich wollte – kurzerhand mit zu sich nach Hause, wo ich einige Tage bei seiner Familie wohnen durfte. Ein Geschenk des Himmels! Dieses Vertrauen in einen Fremden, der nach tagelanger Reise alles andere als gewaschen und gebürstet daherkam, dieser Akt gelebter Nächstenliebe durch eine muslimische Familie berührte mich sehr.

Einheit der Religionen

Kurze Zeit später machte ich eine bemerkenswerte Bekanntschaft. Mit einem Professor für Islamwissenschaften, der einst in Cambridge gelehrt hatte, sprach ich lange über die gleichen Wurzeln der verschiedenen Religionen. Er betonte dabei immer wieder das Prinzip des Einen, das sich durch die verschiedenen Propheten in der Welt offenbart hatte. In der nebenstehenden Grafik sehen Sie, wie man sich auf dem inneren Weg mit der Dreieinigkeit verbinden kann. Aus der Sicht des Zen beginnt der Übungsweg mit dem Fundament, dem Bauch – unserem Quell.

Das namenlose Eine durchströmt alles in der Natur und jeden Menschen.

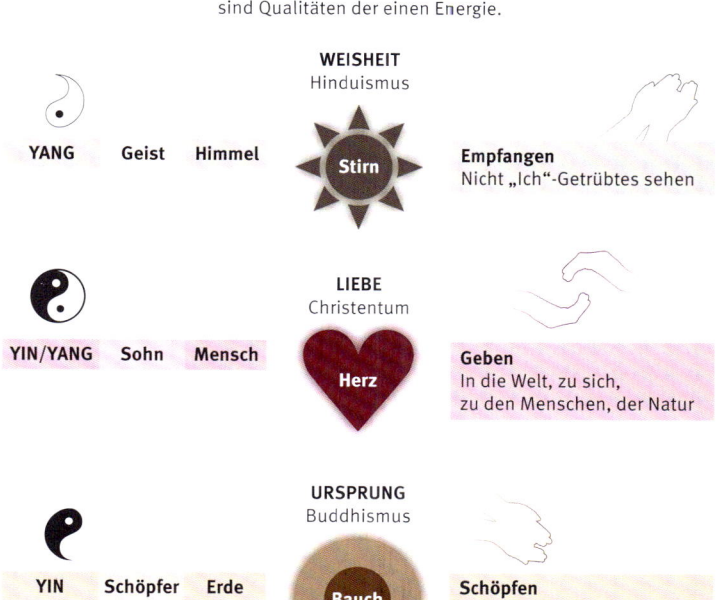

DREIEINIGKEIT
Die drei Essenzen der großen Weltreligionen sind Qualitäten der einen Energie.

WEISHEIT
Hinduismus

YANG · Geist · Himmel · Stirn

Empfangen
Nicht „Ich"-Getrübtes sehen

LIEBE
Christentum

YIN/YANG · Sohn · Mensch · Herz

Geben
In die Welt, zu sich, zu den Menschen, der Natur

URSPRUNG
Buddhismus

YIN · Schöpfer · Erde · Bauch

Schöpfen
Zur Quelle zurückkehren

In sich selbst
die Einheit der Religionen
erwachsen lassen

INNERE FREIHEIT ENTWICKELN

DIE RELIGIONEN SIND WIE EIN BERG.
NUR DIE WEGE ZUM GIPFEL SIND VERSCHIEDEN.
DIE FREIHEIT BESTEHT DARIN, SEINEN WEG ZU GEHEN
AUS GANZEM HERZEN, SCHRITT FÜR SCHRITT UND
TROTZDEM OFFEN ZU SEIN FÜR DIE WEGE DER ANDEREN.

Offen für den Weg

Mein Zen-Meister Yamada Bunryo Roshi betonte immer die drei Pfeiler der Herz-Sutras: nicht zu einseitig sein, nicht voreingenommen sein, nicht anhaften. Da ich alles an Dingen, Symbolen und gesellschaftlichem Status hinter mir gelassen hatte, war ich freier und fühlte mich unbeschwerter. Ich war offen für alles, das auf mich zukam, und erfüllt von dem, was wirklich wichtig war – dem Weg unter meinen Füßen.

Zudem gelang es mir im Unterwegssein einfacher, mich – mein Ich – zu vergessen. Dieses Gefühl, das ich schon in der Zen-Meditation erfahren hatte, erfüllte mich jetzt auf der Reise immer öfter. Unvermittelt floss es in meine Handlungen ein: So konnte schon das Öffnen einer Wasserflasche und das Trinken von ein paar Schlucken Wasser zu einem erfüllenden Erlebnis werden. Diese Aufmerksamkeit für jede Handlung, jedes Tun sollte ich später in den Klöstern, die ich besuchte, schulen und vertiefen.

Der Sinn liegt allein im Jetzt

Ihr Leben ist dann erfüllt, wenn Sie sich ganz auf das, was Sie tun, einlassen und es mit Ihrem ganzen Leben erfüllen. Darin allein liegt der Sinn. Das, was Sie tun – zum Beispiel ein Glas Wasser oder eine Tasse Tee trinken –, ist dann weder gut noch weniger gut, weder schön noch weniger schön. Jedes Tun findet statt, ohne dass Sie es durch Ihre Gedanken und Überzeugungen beurteilen.

So bleibt Ihr Geist klar, und Sie verweilen ganz im Tun. Zugleich erfüllt Sie dieses Sich-Hineingeben in jede noch so unscheinbare Alltagshandlung mit einer tiefen Zufriedenheit. Routinemäßige Handlungen, die Sie sonst vielleicht „nebenher" ausüben und die Sie vielleicht sogar als langweilig oder belastend empfinden, werden so zu erfüllenden Tätigkeiten. Es muss sich dabei um nichts Besonderes handeln: Gerade Haushaltstätigkeiten, die oft nebenbei erledigt werden, da sie scheinbar nur lästige Alltagspflichten sind, eignen sich dazu: Wäsche aufhängen, abspülen, die Spülmaschine ausräumen, den Müll hinaustragen.

In allem achtsam sein

Aufmerksam zu handeln, ist ganz einfach. Setzen Sie sich dabei nicht unter Druck: Sie müssen auch nicht alles, was Sie den Tag über tun, mit voller Achtsamkeit ausführen. Aber nehmen Sie sich hin und wieder bewusst Zeit und lassen sich völlig ein in den Moment, wenn Sie zum Beispiel den Esstisch nach dem Frühstück abwischen, Wasser für Ihren Tee auf dem Herd aufsetzen oder Ihre Post auf dem Schreibtisch sortieren. Wenn Sie sitzen, sitzen Sie, wenn Sie essen, essen Sie, wenn Sie putzen, putzen Sie. Das ist schon alles. So werden kleine Tätigkeiten und Handlungen zu Meditationen und zu Momenten von Erfüllung und Zufriedenheit. Zudem wird alles, was Sie tun, gleich wichtig und ist gleich viel wert. Nichts, womit Sie sich beschäftigen, ist vertane Zeit. Alles, was Sie mit voller Aufmerksamkeit tun, erfüllt.

In der traditionellen japanischen Tee-Zeremonie ist das Tee-trinken bereits die Übung selbst.

NUR EINE TASSE TEE

Bei der Weihe des Abtes Tai Gan vom ältesten Rinzai-Zen-Kloster in Kyoto, dem Kennin-Ji, durfte ich anwesend sein. Am Ende schenkte der Abt den Zen-Meistern der anderen Zen-Klöster eine Kalligrafie, auf der „Ki Sa Ko" stand, zu Deutsch: „Nur eine Tasse Tee." In der Achtsamkeit und Wachheit im Moment, wie etwa beim Trinken einer Tasse Tee, liegt die Essenz des Zen.

- Nehmen Sie sich Zeit und ziehen Sie sich in einen ruhigen Raum zurück. Setzen Sie sich auf den Boden, auf ein Kissen oder auf einen Stuhl an einem Tisch und stellen Sie ein Getränk vor sich hin. Das kann ein Glas Wasser oder eine Tasse Tee sein.
- Vorher sammeln Sie sich wieder kurz in Ihrer Mitte, indem Sie Ihre Gedanken auf die Atembewegung in Ihrem Hara richten.
- Nun versuchen Sie, sich mit größtmöglicher Achtsamkeit auf den Vorgang des Trinkens zu konzentrieren. Lassen Sie sich ganz darauf ein.
- Zuerst greifen Sie zu dem Glas oder der Tasse vor sich. Beobachten Sie mit Ihrem Geist, wie Sie sich leicht nach vorne beugen, wie sich Ihr Arm und Ihre Hand senken, wie sich Ihre Finger um das Trinkgefäß oder den Henkel der Tasse schließen und wie sich Ihr Arm anschließend wieder hebt, um das Getränk an Ihre Lippen zu führen. Versuchen Sie, alle Gedanken auf die einzelnen Bewegungen zu sammeln.
- Lassen Sie sich ganz auf diese Übung ein. Vergessen Sie Gestern und Morgen und seien Sie wach für den Augenblick.
- Dann öffnen Sie Ihre Lippen und beobachten auch dies. Sie nehmen einen Schluck von dem Getränk, schmecken und spüren es in Ihrem Mund. Spüren Sie seine Kälte oder Wärme und seine Konsistenz. Schmecken Sie nach – auch jedes Wasser schmeckt unterschiedlich.
- Stellen Sie das Getränk wieder ab und wenden Sie diesem Vorgang die gleiche Aufmerksamkeit wie beim Aufnehmen des Glases oder der Tasse zu.
- Wiederholen Sie diese Übung, bis Ihr Trinkgefäß leer ist.
- Am Ende kommen Sie wieder zurück in Ihre Mitte und konzentrieren sich eine Weile wieder auf den natürlichen Rhythmus Ihrer Atmung.

Wenn Sie sich ganz auf diese Übung einlassen und sich ausreichend Zeit schenken, so kann aus dieser Übung eine äußerst intensive Erfahrung werden – die Ihnen dabei hilft, wieder zu sich zu kommen, sich frei und dabei im Moment aufgehoben zu fühlen.

AUF DEN SPUREN
DES BUDDHA

Vertraue in die Fügung, Tag für Tag. Folge deiner Intuition in deinem Tun oder Nichttun. Es ist dabei ebenso wichtig, warten zu können und wenn etwas nicht sein soll, es einfach zu lassen und nicht zu erzwingen. Vertraue in das und erfülle das, was gerade zu tun ist. So bleibst du im Fluss.

BETTELARM UND DOCH REICH

Durch den Iran und durch Pakistan, in Gesellschaft unentwegt betender Afghanen, war ich nun in Indien angekommen, im Geburtsland Buddhas. Von Bombay (Mumbai) aus machte ich mich auf den Weg in Richtung Süden und weiter an der Ostküste nach Madras. Als ich die Küste erreicht hatte, schor ich meinen Kopf wie ein Mönch und wanderte am Meer entlang. Irgendwann erreichte ich ein kleines Fischerdorf. Dort setzte ich mich zwischen die Boote und meditierte. Ich saß einen halben Tag oder länger, zur Freude der Kinder, die neugierig um mich herumstrichen. Einer der Jungen holte schließlich seinen älteren Bruder. Wir kamen ins Gespräch, und ich erzählte ihm, dass ich den Spuren des Buddha folgte und auf dem Weg nach Japan in ein Zen-Kloster sei. Daraufhin lud er mich ein in das kleine Haus seiner Eltern, die mich herzlich aufnahmen. Wieder erlebte ich reine Gastfreundschaft, die mich sehr bewegte. In Dankbarkeit verneigte ich mich tief vor diesen guten Menschen und dem Karma, das uns an diesem Tag zusammengeführt hatte.

Nichts mehr bleibt

Ich zog weiter und schlief oft Nacht für Nacht unter freiem Himmel. Eines Nachts sollte sich etwas ereignen, das mich von meinem restlichen Hab und Gut befreite. Meine kleine Tasche, in der ich meine letzten Habseligkeiten und meinen Pass aufbewahrte, lag wie immer unter meinem Kopf. Nachts wurde ich plötzlich wach, weil ich spürte, wie jemand vorsichtig an meiner Tasche zog. Die großen Augen eines Jungen starrten auf mich herab. Er machte auf der Stelle kehrt und nahm meine Tasche und seine Beine in die Hand. Ich sprang auf und rannte ihm hinterher, versuchte ihn zu packen, er aber flitzte davon und verschwand in der Dunkelheit. Außer Atem ließ ich mich in den Sand fallen: Nun war wirklich alles weg, ich hatte nichts mehr. Anderntags zog ich weiter – nun als Bettler. Ohne es zu planen, gelangte ich nach Kanchi, dem Geburtsort von Bodhidharma. Von Madras aus führte mich mein Weg in Richtung Norden, und ich kam zu dem Ort, an dem Siddhartha Gautama, der historische Buddha, erleuchtet wurde: Bodhgaya, die heiligste buddhistische Stätte.

Die Stupa in Bodhgaya wurde zu Ehren von Buddhas Erleuchtung errichtet.

An der Quelle des Buddhismus

In Bodhgaya kam ich im tibetischen Kloster unter. Morgens ging ich zur Meditation in das japanische Zen-Kloster. Denn hier sind alle buddhistischen Länder Asiens mit einem Tempel oder einem Kloster vertreten. In der Mitte von Bodhgaya befindet sich eine große Stupa (Sanskrit: Denkmal, Symbol für Buddha). Die Mauern dieses heiligen Ortes überstieg ich nachts gerne, um hier alleine zu sitzen und mich im Angesicht des Bodhibaums wie einst Siddhartha Gautama in Versenkung zu üben. Jener übte sich unweit von Bodhgaya mit fünf Schülern in Askese. Doch stellte er fest, dass die strenge Enthaltsamkeit nicht wirklich befreite. So verließ er seine Schüler, ging hinab ins Tal und hörte auf seinem Weg, wie ein Sitar-Lehrer seinem Schüler sagte:

> WENN DU DIE SAITE DEINER SITAR
> ZU SCHWACH SPANNST, HAT SIE KEINEN SCHÖNEN KLANG.
> SPANNST DU SIE JEDOCH ZU STARK, REISST SIE.

Als Siddhartha dies hörte, wurde ihm klar, dass der Weg zur inneren Befreiung jenseits der strengen Askese und der Zerstreuung im Weltlichen liegen musste: Diesen Weg bezeichnete er später als „Mittleren Weg". Daraufhin setzte er sich unter den Bodhibaum, meditierte acht Tage und Nächte und erlangte seine Erleuchtung.

Wundersame Fügung

Eines Tages saß ich in der Halle des Zen-Klosters, als plötzlich eine Gestalt die Halle betrat und neben mir in der Zen-Haltung Platz nahm. Ich meditierte weiter, spürte jedoch eine starke Aura. Als die Meditation zu Ende war, blickte ich in das strahlende Gesicht eines alten Bekannten: Neben mir saß der japanische Zen-Priester aus Alpbach. Wieder hatte ich ein Wunder der Fügung erlebt, wie sie mir auf meinem Weg immer wieder begegneten, wenn ich nichts erwartete und offen war für das, was im Moment geschah.

DIE ERKENNTNIS:

ERKENNE DICH SELBST

WENN DU NICHTS MEHR HAST UND NIEMAND
MEHR BIST, MUSS ES KEIN VERLUST SEIN.
ACHTE AUF DEN PLATZ UNTER DEINEN FÜSSEN UND
ERKENNE DICH ALS DER, DER DU JETZT BIST.

Wirklich Aufwachen

Der Begriff „Buddha" wurde ursprünglich nicht als Bezeichnung einer Person verwendet, sondern vielmehr als Bezeichnung eines Bewusstseinszustandes. Denn „Buddha" bedeutet „Erwachen" oder „Aufwachen aus dem Traum der Ich-Vorstellung".
Der historische Buddha wird daher auch „Erwachter" genannt. Er ist also kein Gott und auch keine Instanz, die über uns normalen Menschen thront, sondern einfach nur ein Mensch, der vom Traum seiner Projektionen zur völligen Freiheit gelangte und zu seinem wahren Wesen erwachte.
Siddhartha Gautama, wie der Buddha vor seiner Erleuchtung hieß, wurde als Sohn eines nordindischen Königs etwa 550 Jahre vor unserer Zeitrechnung geboren. In seiner Jugend wuchs das hochbegabte Kind als Prinz im väterlichen Palast auf. Als er sein wohlbehütetes Zuhause einmal verließ, sah er zum ersten Mal Leid, Armut, Alter, Krankheit und Tod. Das erfüllte ihn mit so viel Schmerz, dass er seine Eltern, Frau und Kind verließ und durch asketische Praktiken einen Weg aus diesem Leiden suchte.

OHNE SICH ÜBER BESITZ UND BERUF ZU DEFINIEREN –
WER IST ES, DER HIER SITZT?

Vielleicht haben auch Sie für sich bereits erkannt, dass das reine Streben nach mehr in diesem Leben nicht wirklich Zufriedenheit schenkt. Das ist sicher einer der Gründe,

58

warum das Leben und die Lehre des Buddha auf viele Menschen so inspirierend wirken.

Leben ist Vergänglichkeit

Wie viele andere Weise vor ihm erkannte Siddhartha Gautama, dass das reine Streben nach Anerkennung und Reichtum nicht wirklich glücklich macht. Auch die körperliche Existenz ist letztendlich leidvoll, weil jeder Mensch, so fit und vital er sich auch halten mag, alt wird, eines Tages trotzdem erkrankt und am Ende stirbt. Alles, was wir in diesem Leben an Besitz ansammeln, kann uns nur vorübergehend glücklich machen, ebenso wie eine bestimmte gesellschaftliche Stellung und Anerkennung.

Glück in sich selbst finden

Der wahre Weg zum Glück liegt dagegen immer in uns selbst. Wir definieren uns nicht selten über Besitz, eine gesellschaftliche Position, einen bestimmten Beruf, Menschen, mit denen wir uns umgeben, bestimmte Verhaltensmuster, Neigungen und Abneigungen.
Aber sind wir das alles wirklich? Wenn all das nicht mehr ist, bin ich dann nicht mehr? Der wahre Reichtum und das wahre Ich liegen in jedem von uns verborgen. Dies gilt es von jetzt an zu entdecken.

Der Buddha besitzt vollkommene Weisheit und unendliches Mitgefühl für alles, was lebt und ist.

MEDITATION: „WER BIN ICH WIRKLICH?"

In diesem Kapitel dreht es sich um die Frage, wer Sie wirklich sind, wenn Sie sich nicht über Ihre gesellschaftliche Position, Ihren Beruf oder Ihren Besitz definieren. Die folgende Meditationsübung kann Ihnen dabei helfen, noch tiefer in sich hineinzublicken und Ihren wahren Kern zu finden. In Buddhas Lehre finden Sie ausführliche Anleitungen, wie Sie Ihre Aufmerksamkeit der Reihe nach auf Ihren Körper, Ihre Empfindungen, Ihren Geist und seine Geistesinhalte richten können.

- Ziehen Sie sich zurück, um für eine Weile in Ruhe zu sitzen. Achten Sie darauf, dass Sie nicht gestört werden und Sie einige Zeit ganz für sich haben. Nehmen Sie sich eine feste Zeiteinheit von zehn, fünfzehn oder zwanzig Minuten vor.
- Setzen Sie sich in aufrechter Haltung auf eine Unterlage auf den Boden oder auf einen Stuhl. Lassen Sie sich auf Ihre Atembewegungen in Ihrer Mitte (Hara) ein und sammeln Sie sich für einige Minuten. Gehen Sie nun in die eigentliche Übung:
- Sollten Sie Schmerzen, ein Jucken oder ein Ziehen verspüren, so beobachten Sie dieses Phänomen des Körpers nur und kommen ganz einfach wieder zurück in die Beobachtung Ihres natürlichen Atmens.
- Wenn in Ihnen Empfindungen aufkommen, wie zum Beispiel Sorgen oder Ängste, dann seien Sie genauso Beobachter und betrachten Sie diese Empfindungsphänomene, wie sie kommen und gehen. Genauso beobachten Sie Ihre Gedanken, wie sie im Geiste entstehen. Betrachten Sie sie als vorübergehende Phänomene wie Wolken am Himmel ohne Substanz und kommen Sie wieder zurück in die Beobachtung des Rhythmus Ihres Atems.
- Sind Sie wirklich diese vorübergehenden Empfindungen des Körpers, oder gibt es da eine tiefere, alles umfassende Ebene Ihres Selbst? Stellen Sie sich die Wellen eines Sees vor. Diese sind Ihre Körperwahrnehmungen, Ihre Empfindungen und Ihre Gedanken. Wenn Sie nun tiefer auf den Grund des Sees gehen, dann finden Sie eine große Verbundenheit mit Ihrem wahren Ich und dem Leben an sich.

Ich wünsche Ihnen von ganzem Herzen, dass Sie lernen, diese Übung mit Geduld und Ausdauer auszuführen, und so immer freier werden. Lassen Sie sich ein auf das Thema der Meditation und damit auf Ihr Sein und Tun in diesem Moment.

修練

WAHRES ÜBEN

INTENSIVE PRAXIS IM TIBETISCHEN KLOSTER

An der Tür eines tibetischen Klosters steht geschrieben: „Tausend Mönche, tausend Wege." Es gibt auch innerhalb des Buddhismus selbst viele Wege. Jeder von uns sollte den seinen finden. Dabei lohnt es sich anfangs durchaus, verschiedene Übungspraktiken auszuprobieren, bis man sich für einen Weg und eine Richtung entscheidet.

DIE ANTWORT IST IMMER IN DIR

Die Fügung hatte es gewollt, dass ich dem Zen-Priester, den ich in Alpbach kennengelernt hatte, an der Erleuchtungsstätte des Buddha wiederbegegnete. Nun beschloss ich, ihm nach Nepal zu folgen. Hier im tibetischen Kloster Kopan in Bodanath wollte ich an einem einmonatigen Meditations-Retreat teilnehmen. Dabei handelte es sich um eine intensive Praxiszeit mit Vorlesungen des Lama Lhudrup und Übungen aus dem Schatz des tibetischen Buddhismus. Dieser setzt sich aus mehreren Schulen zusammen, die sich historisch aus dem späten indischen Buddhismus entwickelt haben. Charakteristisch für den Übungsweg des tibetischen Buddhismus sind die sogenannten Sandmandalas, die sorgfältig erarbeitet und anschließend rasch weggewischt werden. In diesem Bild zeigt sich, dass alles um uns herum nur eine kurze Erscheinung ist, wie eine Wolke, die kurz auftaucht und gleich wieder vergeht.

Nach dem Retreat stand ich mit zwei anderen Schülern vor der Zeremonienhalle des Klosters Kopan und wartete auf meine buddhistische Weihe. Da kam ein Hund angelaufen und begann unter dem Bodhibaum des Klosters – einem Ableger der Pappel, unter der Siddhartha Gautama seine Erleuchtung erfuhr – zu buddeln. Als angehender Buddhist konnte ich das nun nicht dulden, nahm den kleinen Hund hoch und setzte ihn weiter weg. Das Hündchen scherte sich allerdings weder um mich noch um die Würde des Ortes und begann wieder zu graben. Ich setzte es wieder weg, und wir wiederholten das Trage-und-Grabe-Spiel ein paar Mal. Endlich kam ich auf die Idee, ihm etwas Neues zu zeigen, das es ebenso begeistern könnte wie der Bodhibaum. Ich begab mich also auf alle viere und begann unter einem anderen Baum zu graben. Hocherfreut machte sich das Hündchen daraufhin auch hier ans Werk, und die heilige Pappel blieb bis auf Weiteres unbehelligt.

Im berühmten Mahabodhi-Tempel in Bodhgaya wächst ein Abkömmling des Bodhibaums.

DIE ERKENNTNIS: **1.**

ABLASSEN VON ALTEN GEWOHNHEITEN

BONNO SOKU BODAI: DIE LEIDENSCHAFTEN SIND
DER KÖRPER DER ERLEUCHTUNG. IM ZEN GILT ES,
DIE TRENNUNG ZWISCHEN LEIDENSCHAFT UND
ERLEUCHTUNG, ALLTÄGLICHEM UND GEISTIGEM
LEBEN AUFZULÖSEN.

Den inneren Kampf beenden

Um inneren Frieden zu finden, muss ich immer auch den Kampf in mir zur Ruhe kommen lassen. Denn gegen was müssen wir in uns selbst nicht alles kämpfen, so wie ich damals gegen die „Leidenschaft" des kleinen Hundes um die Würde des heiligen Bodhibaums im Kloster in Nepal kämpfte?

Gegen die Lust, zu viel zu essen, über die Stränge zu schlagen, uns zu wenig zu bewegen, gegen Unzufriedenheit und Sorge, Traurigkeit oder Wut. Sicher kennen Sie selbst den einen oder anderen Kampf, den Sie schon gegen sich ausgefochten haben. Spätestens zum Jahreswechsel nehmen Sie sich vielleicht vor, dass jetzt endlich alles gut werde. Die weitere Erfahrung zeigt: Wenn Sie beschließen, ein ungünstiges Muster zu bekämpfen, das Rauchen aufzuhören, endlich abzunehmen oder liebevoller mit Menschen umzugehen, so sind Sie oft vielleicht eine Woche oder einen Tag erfolgreich. Allzu schnell jedoch fallen Sie wieder in die alten Gewohnheiten zurück, und der Kampf hat Sie fest im Griff. Woran mag das liegen?

Solange Sie trennen zwischen Ihrer Innen- und Ihrer Außenwelt, zwischen der Welt Ihrer Spiritualität und der Ihrer Gefühle und Leidenschaften, schaffen Sie wieder eine Trennung (siehe auch Seite 140). Damit stecken Sie jedoch aus der Sicht des japanischen Zen wieder im Leid und sind erneut im Kampf verstrickt.

Eine neue Begeisterung finden

Dabei ist immer alles eins, und die Trennung besteht allein in unserem Kopf. Um diese aufzuheben, bietet Ihnen insbesondere das japanische Zen einen wunderbaren Weg. Suchen Sie sich eine neue Attraktion, etwas, das Sie begeistert und Ihnen guttut. Bei dem kleinen tibetischen Hund war es ein neuer Baum. Für Sie könnte es Meditation sein. Denn allein das Aufstellen eines Gebotes oder einer neuen Regel ändert oft nur schwer etwas. Natürlich sind klare Entscheidungen und auch Regeln wichtig, aber sie sollten immer aus Ihnen selbst heraus entstehen. Wenn Sie also eine ungünstige Gewohnheit loslassen wollen oder jemandem dabei helfen möchten, lassen Sie sich auf etwas Neues ein oder zeigen Sie dem anderen eine neue Begeisterung. Denn die Frage ist doch: Was schafft eigentlich Leiden? Ist es nicht der Kampf zwischen mir und der Leidenschaft, der erst das Leiden schafft?

Der Ansatzpunkt, sich aus dem Leidenskreislauf zu befreien, ist die innere Sammlung – die Meditation. Normalerweise lautet die Reihenfolge der sogenannten buddhistischen Paramitas (Sanskrit: Der sechsfache Übungsweg) Geben, Tugend, Geduld, Ausdauer, Meditation und Weisheit. Doch ist es hilfreicher, zuerst durch Meditation mit Geduld und Ausdauer Erkenntnis und Weisheit zu erlangen, auf diese Weise unheilvolle Muster und Gewohnheiten zu durchschauen und aus sich selbst heraus innere Tugend und wahres Geben zu entwickeln.

Der sechsfache Übungsweg (Paramitas) aus der Sicht der Meditation.

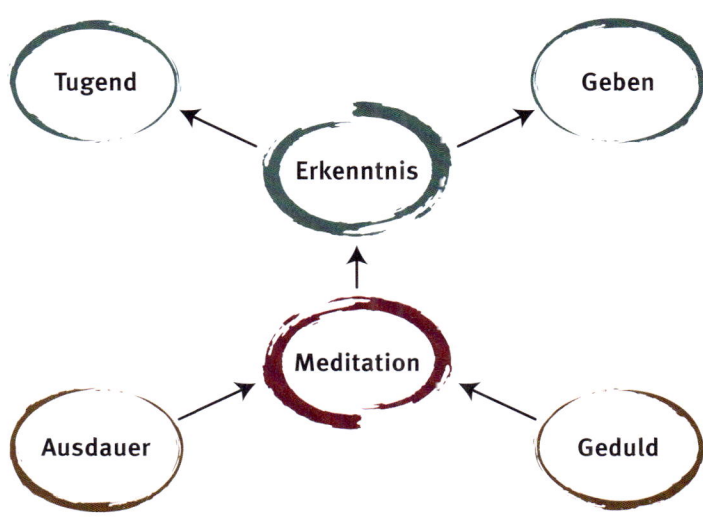

Die sechs Paramitas

MEDITATION DER DREI EBENEN DER VERSENKUNG

In dieser Meditation geht es darum, noch vorhandene Trennungen in Ihrem Geist aufzulösen und damit den inneren Kampf zu beenden zwischen Ihnen und Ihren Leidenschaften, der erst Leiden schafft. In dem Moment, in dem Sie eins werden, lösen Sie auch
die Ursache des Leids auf. Dies gilt für alle Arten der Meditation, sei es das Beobachten
des Atems, eine Natur- oder Mantra-Meditation.

- Ziehen Sie sich zurück, um für eine Weile in Ruhe zu sitzen. Achten Sie darauf, dass
  Sie nicht gestört werden und Sie einige Zeit für sich haben. Nehmen Sie sich eine feste
  Zeiteinheit von zehn oder zwanzig Minuten vor.
- Setzen Sie sich in aufrechter Haltung auf eine Unterlage auf den Boden oder auf einen
  Stuhl und lassen Sie sich auf Ihre Atembewegungen in Ihrer Mitte (Hara) ein. Sammeln
  Sie sich für einige Minuten. Gehen Sie nun in die eigentliche Übung:
- Auf der ersten Stufe suchen Sie sich ein Objekt der Konzentration und versuchen sich
  ganz auf es einzulassen. Das kann der Rhythmus Ihres Atems sein oder ein Mantra,
  aber auch ganz einfach eine Tasse Tee oder ein Stück Kuchen.
- Bleiben Sie mit Ihrer Aufmerksamkeit ganz bei Ihrem Objekt und verweilen Sie in Ihrer
  Konzentration, ohne sich von Ihren Gedanken ablenken zu lassen (Sanskrit: dharana).
  Die zehntausend Dinge, die Ihnen zu Anfang der Meditation noch durch den Kopf
  gehen mögen und Sie zerstreuen, werden dabei immer wieder gesammelt und auf das
  Objekt Ihrer Aufmerksamkeit gerichtet.
- Auf der zweiten Stufe der Versenkung lösen Sie die Trennung zwischen sich und dem
  Objekt Ihrer Meditation mehr und mehr auf. Sie treten zunehmend in einen Zustand
  der Selbstvergessenheit ein. Auf Sanskrit heißt dies „dhyana", im Chinesischen
  „chan" und im Japanischen „Zen".
- Auf der dritten Stufe werden Sie eins mit Ihrem Atem, dem Mantra oder dem gewähl-
  ten Objekt. Die Trennung zwischen Subjekt und Objekt, zwischen Ihnen und dem
  Mantra oder der Tasse Tee, ist nun aufgelöst. Sie sind eins (Sanskrit: samadhi).

Wenn Sie diese Meditation das erste Mal durchführen, dauert dieser Zustand vielleicht
nur einen Bruchteil einer Sekunde. Doch nach und nach und durch geduldiges Üben
häufen sich diese Momente und dauern länger und länger. Wichtig ist es auf diesen drei
Ebenen der Meditation, dass Sie zum Abschluss wieder zurück in Ihre Mitte kommen
und sich auf Ihre Atembewegung im Hara konzentrieren.

VIPASSANA IN BURMA

Nur in der Gegenwart kann ich die Einheit erfahren, weil die Trennung der drei Welten von Vorher, Jetzt und Nachher hier nicht existiert. Durch Langsamkeit und Achtsamkeit gelingt es mir besonders leicht, Zeit aufzulösen und so bewusst einzutreten in die Ewigkeit des Moments.

DIE KUNST DER LANGSAMKEIT

Nach dem Retreat im tibetischen Kloster in Nepal verabschiedete ich mich von dem Zen-Priester. Da der Landweg über den Himalaja nach Tibet gesperrt war, führte mein weiterer Weg nach Burma, wo ich mich in burmesischer Meditationspraxis üben wollte. Als ich in Rangun, der Hauptstadt Burmas, ankam, fühlte ich mich in eine andere Zeit versetzt. Ich war überwältigt von der Pracht der Pagoden und Tempel. Zugleich erlebte ich einen stark vom Buddhismus geprägten Alltag der Menschen: Überall sah ich in orangefarbene Gewänder gekleidete Mönche und strahlende Gesichter. Ich fragte mich durch zum Kloster Mahasi, wo auch Ausländer willkommen sein sollten. Trotzdem wollte man mich zunächst nicht einlassen: „No foreigners!" – „Keine Fremden!" So blieb ich in der riesigen Vorhalle sitzen und wartete. Nach ein paar Stunden winkte mich ein Mönch herein. So war ich zu jener Zeit der einzige Ausländer unter 600 burmesischen Mönchen und 400 Nonnen.
Ich besaß nun schon Meditationserfahrung, doch hier in Burma erlebte ich die buddhistische Praxis noch eine Stufe intensiver. Das bedeutete bis zu 20 Stunden Meditation am Tag. Die Vipassana-Übung begann um 4 Uhr und endete um 24.00 Uhr.

Warten ist Tugend

Dabei handelt es sich um eine Form der Achtsamkeits-Meditation des südlichen Asiens mit langen Einheiten aus Sitzen und Gehen. Durchaus normal sind etwa eine Stunde Sitzen auf dem Pflasterboden und anschließend eine Stunde Gehmeditation. Ich war so müde, dass ich einmal sogar stehend auf einer Toilette einschlief. Zweimal am Tag erhielt ich Unterweisungen auf Englisch von einem burmesischen Meister über die Meditation. Ein junger Mönch begleitete mich und leitete mich an, jedoch ohne mit mir zu sprechen. In Burma gehen bereits Kinder ins Kloster, lassen sich hier den Kopf scheren und leben dann einige Zeit lang als Mönche. Danach geht es wieder zurück in den Alltag. Somit werden die Kinder neben ihrer Schulausbildung auch im sich Leeren ihres Geistes geschult. Das wiederholt sich immer wieder, wie mir berichtet wurde, bis zur Volljährigkeit. Anschließend entscheiden sie sich, ob sie Mönche oder Nonnen werden wollen oder Laien, die das Kloster unterstützen. Manche von ihnen kehren im Alter wieder ins Kloster zurück.

In burmesischen Klöstern lernen bereits Kinder ihre Achtsamkeit zu üben und ihren Geist zu schulen.

SICH IN LANGSAMKEIT ÜBEN

2.
DIE ERKENNTNIS:

DIE LANGSAMKEIT IM TUN HILFT UNS SEHR,
WACHER UND BEWUSSTER ZU WERDEN.
DIE WUNDERBARE WIRKUNG DER LANGSAMKEIT
ENTFALTET SICH, WENN WIR WIRKLICH JEDEN SCHRITT
UND JEDEN HANDGRIFF GANZ BEWUSST TUN.

Durch Achtsamkeit ins Jetzt

Der normale Alltag ist heute häufig von Hektik, Lärm und Schnelligkeit geprägt. Dabei verlieren wir uns, und es entsteht Stress allein dadurch, dass Sie in einem Moment etwas Bestimmtes tun, dabei aber gleichzeitig schon den nächsten Termin oder Ihr nächstes Projekt im Kopf haben. Allzu leicht treten Sie dabei unbewusst aus dem Augenblick heraus und spüren nicht mehr, was jetzt ist. Dabei haben Sie jederzeit die Möglichkeit, wieder in den Moment einzutreten. Denn er ist immer da, jetzt.

Die Geschichte von Ananda, einem der bekanntesten Schüler Buddhas, zeigt uns, dass die Wachheit bei allem Tun von besonderer Bedeutung ist: Ananda übte stetig Tag für Tag. Er saß und ging und saß und ging. Als er schließlich aufgeben und sich hinlegen wollte, bemerkte er zuerst die Absicht, sich hinzulegen, und legte sich dann ganz bewusst und achtsam hin. In diesem Moment erwachte er und erlangte Erleuchtung. So wurde mir im Kloster berichtet. Hinlegen oder Aufstehen sind nicht Pausen, sondern auch Achtsamkeitsübungen und nichts, was getrennt von uns wäre.

Im Folgenden werde ich Ihnen eine Übung zeigen, mit der Sie sich sehr gut im Augenblick sammeln – sich eine „Auszeit" nehmen – und so wieder wach werden können. Die Vipassana-Meditation ist eine Achtsamkeitsmeditation in Langsamkeit. Das heißt, dass Sie alles, was Sie tun, fast schon in Zeitlupe durchführen. Achten Sie dabei immer zuerst auf die Geistesregung und konzentrieren sich dann auf die Handlung.

Nehmen wir als Beispiel das Aufstehen am Morgen. Stellen Sie sich dies einmal folgendermaßen vor: Sie haben die Absicht, Ihre Augen zu öffnen, und öffnen diese. Anschließend haben Sie die Absicht, Ihren Kopf zu heben, und heben ihn dann. So geht es weiter, bis Sie aufgestanden sind. Dann richten Sie Ihre Aufmerksamkeit auf das Gehen. Sie heben den linken Fuß an und setzen ihn nach vorne und dann ab, verfahren ebenso mit dem rechten Fuß und wiederholen dies.

Diese Handlung absolvieren Sie vielleicht normalerweise viel schneller. Sie entwickelt sich in ihrer langsamen Durchführung aber zu einer echten Wachheitsübung. Bedenken Sie, dass nichts belanglos ist. Alles ist wichtig.

Mönche auf dem Bettelgang und in der Übung der Demut.

MEDITATION DES BENENNENS

Diese Vipassana-Meditation des Benennens ist eine sehr gute und einfache Methode, um den Geist zur Ruhe zu bringen. Ihr Geist hat so etwas zu tun und ist nicht abgelenkt. Sie werden auf diese Art und Weise relativ schnell ruhig und kommen einfacher in den Moment der Wirklichkeit.

- Ziehen Sie sich zurück, um für eine Weile in Ruhe zu sitzen. Achten Sie darauf, dass Sie nicht gestört werden und Sie einige Zeit ganz für sich haben. Nehmen Sie sich eine feste Zeiteinheit von zehn, fünfzehn oder zwanzig Minuten vor.
- Setzen Sie sich in aufrechter Haltung auf eine Unterlage auf den Boden oder einen Stuhl. Legen Sie Ihre Hände auf Ihren Unterbauch und lassen Sie sich auf Ihre Atembewegungen in Ihrer Mitte (Hara) ein. Sammeln Sie sich für einige Minuten. Gehen Sie nun in die eigentliche Übung:
- Sobald sich beim Atmen Ihr Unterbauch hebt, bemerken Sie dieses Heben und sagen zu sich: „Heben, heben, heben." Sobald sich die Bauchdecke senkt, bemerken Sie dieses Senken und sagen sich innerlich: „Senken, senken, senken."
- Beachten Sie, dass Sie während der ganzen Zeit der Beobachter sind und dass Sie nichts, was Sie tun, in irgendeiner Form bewerten.
- Sollten Sie nun zu denken anfangen, bleiben Sie Beobachter und benennen das psychische Phänomen des Denkens mit: „Denken, denken, denken." Bleiber Sie im Beobachten. Sobald Sie das Denken so benannt haben, kommen Sie wieder zurück zum Benennen des Hebens und Senkens Ihres Unterbauchs durch den Atem.
- Sollten Sie dabei ein Körperphänomen verspüren, wie etwa Schmerzen oder Jucken, so bemerken Sie dieses als solches, nämlich als „Schmerz, Schmerz" oder „Jucken, Jucken" und eben nicht als „Ich habe Schmerzen". Sobald Sie eines der auftretenden Phänomene also benannt haben, kommen Sie wieder zurück zum Benennen des Hebens und Senkens Ihres Unterbauchs durch den Atem.

Durch das Bemerken und Benennen von Körper- und Geistesphänomenen lösen Sie sich leichter aus der Verstrickung Ihres Ichs, lassen sich nicht so leicht ablenken, und Sie kommen leichter zur Ruhe. Beenden Sie die Übung langsam und achtsam.

DIE KUNST
DER ACHTSAMKEIT

Es gibt nichts, was nicht Übung sein kann. Jishin Kore Dojo: Dein Bewusstsein ist dein Dojo. Dein Übungsplatz im Zen, der Dojo, ist immer dort, wo du dich gerade befindest. Der Übungsplatz ist überall und zugleich mein Bewusstsein. Durch die intensive Achtsamkeit habe ich die Möglichkeit, mit einfachen, alltäglichen Dingen eins zu werden.

EINSWERDEN MIT DEM ALLTÄGLICHEN

Da mein Aufenthalt in Burma durch ein Visum begrenzt war, führte mich mein Weg weiter nach Thailand. Dort begab ich mich in das buddhistische Waldkloster Wat Suan Mokkh in der Nähe von Sura Thani im Süden, wo Ausländer willkommen waren. Die Wohnstätten waren weit über das Gelände verteilt. Im Zentrum befand sich eine große Meditationshalle. Dort unterwiesen uns Mönche – Einheimische wie Ausländer. Es gab Zeiten, in denen wir gemeinsam praktizierten, und auch Phasen, in denen wir allein in unseren Zimmern übten. Ich beschloss, zehn Tage zu fasten. Auf diese Weise gelang es mir, an innerer Klarheit zu gewinnen. Je mehr ich mich einließ in die Vipassana-Praxis, umso mehr hörte mein Geist auf, Projektionen zu erschaffen und mich zu quälen. Hier im Kloster praktizierten wir Vipassana mit der gewohnten Langsamkeit, aber hier ohne das Benennen der Vorgänge – jedoch mit äußerster Achtsamkeit.

Es gibt immer einen Weg zur Übung

Als das einmonatige Retreat beendet war, blieb ich noch längere Zeit im Kloster und fügte mich in den Übungsalltag der Mönche ein. Ich meditierte alleine über lange Zeit in meinem Zimmer, was mir wesentlich schwerer fiel als die Meditation in der Gruppe. In dieser Zeit besuchte ich gelegentlich einen Mönch in der Nähe des Klosters, um ihm etwas zu essen vorbeizubringen. Er beeindruckte mich sehr, da er alleine in einer Berghöhle lebte und hier ganz für sich meditierte.

Ich lernte nun, die Wachheit im Jetzt zu bewahren, indem ich immer wieder im Alltag übte. Jeden Tag nach der Morgenmeditation ging ich auf einen kleinen Vorplatz, um den schweigend ein paar ältere Mönche saßen. Es war heiß, doch ein angenehm kühler Windhauch blies durch den Klosterhof. Hier nahm ich einen Besen und machte mich ans Kehren. Ich richtete mein ganzes Bewusstsein auf jede kleine Bewegung des Besens – hin und zurück, hin und zurück. Dabei vergaß ich mich und alles um mich herum. So kehrte ich jeden Morgen den Klosterhof und war glücklich dabei. Nach ein paar Tagen kam ein etwa siebzigjähriger Mönch auf mich zu und sagte: „Was willst du hier? Geh hinaus in die Welt und erfülle deine Aufgabe. Dann kannst du wieder herkommen." Auch er war diesen Weg gegangen. So beschloss ich also weiterzuziehen.

Die in thailändischen Klöstern geübte Achtsamkeit bedeutet das Entdecken einer neuen Lebendigkeit.

IN DER WELT BLEIBEN

DIE **3.** ERKENNTNIS:

MEDITATION SOLLTE NIEMALS EINE FLUCHT VOR DER WELT SEIN, SONDERN VIELMEHR UNSER LEBEN IN DIESER WELT, IN DIESEM ALLTAG BEREICHERN.

Nach innen schauen, im Außen leben

Wenn Sie sich auf Ihren Weg nach innen und zum Ursprung von allem machen möchten, bedenken Sie bitte, dass eine Flucht vor der Welt keine Lösung ist, um wahrhaftig und im Jetzt zu leben. Es ist vielmehr unsere Aufgabe – so zeigte es mir jener Mönch damals in Thailand, der mich wieder hinaus in die Welt schickte unsere Gaben zu erkennen. Diese sind uns mitgegeben, um mit ihrer Hilfe unsere Auf-Gabe in der Welt zu erfüllen. Das kann bedeuten, dass Sie ein großes und fürsorgliches Herz besitzen und deshalb eine Familie gründen. Es kann aber auch heißen, dass Sie Ihre Berufung darin finden, als Arzt, Erzieherin oder Krankenschwester zu arbeiten. Vielleicht verfügen Sie über einen hervorragenden Orientierungssinn und werden deshalb Bus- oder Taxifahrer. Oder Sie können gut mit Menschen umgehen und andere überzeugen und werden deshalb ein erfolgreicher Verkäufer oder eine beliebte Servicekraft.

Seine Gabe entwickeln

Bedenken Sie, dass jeder von uns etwas gut kann, was er auch besonders gerne tut. Diese Gabe ist ein Geschenk, und es ist unsere Chance, dieses Geschenk zu entdecken, die Gabe zu entwickeln und andere damit zu erfreuen. So können Sie Ihre Auf-Gabe im Leben finden und diese mit ganzem Herzen erfüllen. Sie unterstützt Sie dabei, Ihr Glück im Jetzt zu finden.
Um diese Auf-Gaben wirklich ganz mit Leben erfüllen zu können, ist es sehr hilfreich, dass Sie sich immer wieder in Ihrer Mitte einfinden, um dann erst ins Tun zu gehen.

Konzentrieren Sie sich dazu immer auf die Atembewegung in Ihrer Mitte, folgen Sie Ihrem natürlichen Atemrhythmus und kommen Sie dann ins Handeln. Seien Sie vorsichtig, dass Sie nicht trennen zwischen außen und innen, zwischen spiritueller Praxis und dem ganz normalen Alltag. Trennen Sie nicht zwischen dem „guten", nach innen gerichteten Sein und dem „nicht so guten" Außen.

Alltag ist Übung

Versuchen Sie lieber, die Grundlage der inneren Sammlung zu nutzen, um damit die Übung in Ihrem Alltag besser praktizieren zu können. So erleben Sie Ihr Tun im Alltag, im Beruf oder im Haushalt wahrhafter und wacher. Sie werden sehen: Jeder Tag bietet Ihnen unzählige Möglichkeiten zur Übung. Alle einfachen, sich wiederholenden Tätigkeiten können Meditation sein.

Wichtig ist die Kontinuität des Übens. Sich vorzunehmen, ab sofort alles bewusster und achtsamer durchzuführen, gelingt leider in der Praxis nur schwer. Deshalb nehmen Sie sich lieber weniger vor, setzen Sie sich ganz bestimmte Punkte und Handlungen im Alltag (siehe hierzu auch die Übung von Seite 76), üben immer nur eine bestimmte kürzere Zeitspanne und versuchen dies dann täglich zu wiederholen.

Im Klosteralltag ist jedes Tun Meditation. Alltagsarbeiten wie etwa das Kehren schulen das Sein im Jetzt.

ALLTAGSMEDITATION KEHREN

Kleine einfache, sich wiederholende Bewegungen sind bereits Meditation. Dazu gehören zum Beispiel das Heben und Senken der Bauchdecke durch den Atem, aber genauso das Hin- und Herschwenken eines Besens beim Kehren des Bodens. In dieser Alltagsübung versuchen Sie, sich erst mithilfe Ihres Atems und der Konzentration in Ihre Mitte vorzubereiten und dann ganz auf das Tun einzulassen.

- Ziehen Sie sich zurück, um für eine Weile in Ruhe zu sein. Nehmen Sie sich eine bestimmte Zeitspanne für die folgende Alltagsübung vor, bei der Sie den Boden säubern und für die Sie einen Besen oder einen Staubsauger brauchen.
- Stellen Sie sich nun aufrecht hin. Ihre Beine sind schulter- oder hüftbreit geöffnet und die Knie leicht angewinkelt. Sie haben einen guten Stand. Ihr Becken ist dabei leicht abgesenkt (siehe Seite 115). Legen Sie Ihre Hände auf Ihren Unterbauch und lassen Sie sich auf Ihre Atembewegungen in Ihrer Mitte (Hara) ein. Sammeln Sie sich für einige Minuten. Gehen Sie nun in die eigentliche Übung:
- Versuchen Sie, sich in Gedanken auf Ihre Fußsohlen zu sammeln und den Platz unter Ihren Füßen zu spüren. Nun beginnen Sie langsam mit dem Kehren, Staubsaugen oder Wischen, nach links und nach rechts, nach vorne und nach hinten. Immer eine Bewegung nach der anderen, das ist alles.
- Geben Sie all Ihre Wachheit und Achtsamkeit in das Kehren, Staubsaugen oder Wischen des Fußbodens.
Beginnen Sie ganz langsam und achtsam. Nehmen Sie sich für diese Übung beispielsweise nur ein Zimmer oder ein Stück Ihres Hausflurs vor.

Bei all diesen Haushaltätigkeiten, die man oft als unwichtig empfindet und sie oft nur nebenbei erledigt, ist das Tun das Ziel. Es geht nicht darum, etwas schnell fertig machen zu wollen. Sammeln Sie sich stattdessen immer wieder auf Ihre Tätigkeit. Versuchen Sie, Ihren Geist ganz darauf zu konzentrieren, bis Sie sich im besten Fall ganz vergessen und eins werden mit Ihrem Tun. Wenn Sie Ihre Arbeit beendet haben, dann kommen Sie noch einmal in Ihre Mitte und konzentrieren sich auf Ihren natürlichen Atemrhythmus. Beobachten Sie Ihren Atem für eine Weile. Dann öffnen Sie Ihre Augen und beenden die Übung.

DAS HERZ JAPANS

IM LAND DES ZEN

Fragt man in Japan junge Menschen, welcher Richtung des Buddhismus sie angehören, antworten sie oft, dass sie dazu erst einmal bei ihren Großeltern nachfragen müssten. Die Zugehörigkeit zu einer Religionsgruppe ist für viele Japaner unbedeutend. Jedoch ist der Umgang miteinander stark geprägt von religiösen Grundwerten wie Respekt, Vertrauen und Bescheidenheit.

TRADITION UND MODERNE

Nun war ich am Narita Airport in Tokio angekommen, in der Tasche nur noch 100 US-Dollar und mein One-way-Ticket, das mich nach Japan gebracht hatte. Mein erstes Gefühl war das des Heimkommens, wie ein „Déjà vu". So vertraut schien mir alles. Als ich den Flughafen verlassen wollte, liefen mir plötzlich zwei Japaner über den Weg, die ich in Nepal kennengelernt hatte. Sie boten mir an, bei ihnen zu übernachten. Tokio wirkte im Vergleich zu Burma und Thailand wie ein Science-Fiction-Szenario: Riesenhafte, futuristisch anmutende Hochhäuser ragten entlang der mehrspurigen Stadtautobahnen auf, und ein Gewimmel von Menschen bevölkerte Straßen, Treppen und Bahnsteige bis tief hinunter ins fünfte Untergeschoss. Dabei gingen all diese Menschen auf engstem Raum höflich und zurückhaltend miteinander um.

Kurz vor dem Ziel

Ich war sofort pleite, da in Japan zu dieser Zeit alles dreimal so teuer war wie in Deutschland und ungefähr zwanzigmal so teuer wie im Rest Asiens. So konnte ich mir gerade das Zugticket ins Zentrum und ein Frühstück leisten. Meine Japanischkenntnisse beschränkten sich zu jener Zeit zudem nur auf einen Satz: „Ich möchte ins Zen-Kloster." (Japanisch: „Zen Tera ni ikitai.") Es wurde Zeit, etwas daran zu ändern. Die ersten Tage streifte ich durch die Stadt und fand bei einem meiner Spaziergänge durch das Gewimmel einen traditionellen Zen-Tempel.

Gleich am nächsten Abend ging ich dorthin. Beim ersten Mal erlebte ich völlig unvorbereitet das Ritual des Zen-Weckens. Dabei schlägt der Meditationsleiter mit dem flachen Holzstab Keisaku dreimal kräftig und unvermittelt auf die Schulter der Übenden. Der plötzliche Schmerz oder Schrei weckt einen sofort auf. Mich jedoch traf dieses Erlebnis wie ein Schock.

Auf dem Weg ins Daichi-Ji

Kurze Zeit später hatte ich einen Job als Model. Damit konnte ich Geld verdienen, um nach Kyoto, in die alte Kaiserstadt, zu fahren. Auch hier fühlte ich mich wie zu Hause. Einen Tag später machte ich mich auf in die Berge ins Daichi-Ji. Hier befand sich der Zen-Tempel von Meister Bunryo Yamada Roshi. Dort angekommen, klopfte ich an und

stellte mich als den eifrigen jungen Mann vor, der ihm aus Indien geschrieben hatte und vor geraumer Zeit, als er in Deutschland lehrte, an einem Zen-Sesshin mit ihm in München teilnehmen durfte. Ich krönte diese Auskünfte mit meinem Satz: „Zen Tera ni ikitai." Der Zen-Meister sah mich an mit einem Blick, der nichts anderes besagte als: „Was will der eigentlich von mir?" Dann bat er mich dennoch in seinen Tempel. Ich bekam etwas zu essen und schlief in einem Nebenraum nahe dem Altar. Hier lag ich nun zufrieden und beseelt und dachte allen Ernstes, die erste Hürde auf dem Weg ins Zen-Kloster gemeistert zu haben.

Das Kennin-Ji Kloster ist das älteste Rinzai-Kloster Japans. Rinzai ist eine der Richtungen im japanischen Zen.

VON HERZ ZU HERZ – „I SHIN DEN SHIN"

DIE ERKENNTNIS:

DIE ÜBERMITTLUNG DER LEHRE IM ZEN LIEGT IMMER AUSSERHALB DER WORTE. SIE FINDET DIREKT VON HERZ ZU HERZ STATT UND KANN AUCH NUR DIREKT IM HERZEN VERWIRKLICHT WERDEN.

Den Geist leeren

Nach meiner Ankunft im Tempel erfuhr ich großes Entgegenkommen und Aufmerksamkeit – allerdings jenseits von Worten. Schließlich beherrschte ich ja nur meinen einen Satz auf Japanisch. Das sollte der Übermittlung der Lehre durch den Meister jedoch keinen Abbruch tun, da es im Zen nicht um Worte, sondern allein um Erfahrung geht. Diese Erfahrung gründet im eigenen Herzen. Ihre Übermittlung findet von Herz zu Herz statt. Das, was eigentlich wichtig und wesentlich im Zen ist, ist unserem Verstand nicht zugänglich. Reines Denken oder auch das Lesen und Studieren von Büchern und Schriften kann allenfalls ein Fingerzeig sein.

Übermittlung außerhalb der Worte

Dazu gibt es eine kleine Zen-Geschichte: Ein Philosoph besuchte einst einen Zen-Meister, um Unterweisungen von ihm zu erhalten. Der Zen-Meister sagte zu ihm: „Trinken wir doch erst einmal eine Tasse Tee." Dann goss er dem Philosophen Tee in seine Tasse. Als die Tasse voll war, goss er einfach weiter. Der Tee lief über den Tassenrand auf den Tisch und von hier aus auf den Boden. Der Gelehrte rief: „Die Tasse ist doch schon voll. Warum gießt Ihr immer noch mehr Tee nach?"
Der Zen-Meister sprach: „Genauso voll wie die Tasse ist Euer Geist. Bevor ich Euch etwas übermitteln kann, müsst Ihr erst Euren Geist leeren. Nur wenn Euer Geist leer ist, könnt Ihr wirklich etwas aufnehmen."

Um Zen zu üben, ist es wichtig, dass Sie immer wieder Ihren Geist leeren. Nur so kommen Sie an in der Wirklichkeit des Moments und können Ihr wahres Herz, Ihre wahre Natur schauen. Ganz wach nehmen Sie so beispielsweise wahr, wer Ihnen gegenüber sitzt, wie sich eine Tasse Tee in Ihrer Hand anfühlt oder wie ein frisch geschnittenes Brot riecht. Durch das innere Leerwerden in der Meditation erfahren Sie erst die Fülle des Seins, in sich selbst und in allem, was um Sie herum ist, was Sie tun, was Sie sehen, was Sie berühren und wem Sie begegnen.

Verinnerlichen, worum es wirklich geht

Zen, das bedeutet Überlieferung, die außerhalb der Worte stattfindet. Es gibt keinen Lehrer und keine Lehre im üblichen Sinn. Es geht viel mehr darum, genau, konzentriert und aus der eigenen Mitte heraus hinzuschauen und hinzuhören, um zu begre fen und zu verinnerlichen, worum es wirklich geht. Der Zen zeigt immer unmittelbar auf das Herz des Menschen, weshalb wir durch regelmäßige Meditationspraxis unsere eigene Natur schauen können.

Die wahre Natur schauen

Sie müssen nichts nachjagen, weder Ihrem Wohlergehen, Ihrer Gesundheit oder Ihrer Zufriedenheit. Denn in der Eile und Getriebenheit kann sich nichts entfalten. Damit das Herz wirklich sehen kann, braucht es die Stille der Meditation. Wenn man das Herz so nährt, kann der Geist klar sehen, so wie man bei Windstille in einem See bis auf den Grund sehen kann.

Das bedeutet „Herz zu Herz". Hierbei handelt es sich nie um abgehobene Lehren, sondern allein um das Wesen und Sein im Jetzt. Darin liegt die Essenz des Zen.

Die Kopfrasur ist in allen buddhistischen Klöstern ein Zeichen dafür, dass man dem Laienstand entsagt.

ÜBUNG DES ATEMZÄHLENS – SU SOKU KAN

Die folgende Übung ist eine im Zen praktizierte einfache Meditationsübung, die Ihnen dabei hilft, Ihren Geist zu leeren, um auf diese Weise wirklich wach zu werden. So zeigte mir Meister Yamada an meinem ersten Morgen bei ihm „Su Soku Kan", die „Übung des Zählens des Ausatems".

- Ziehen Sie sich zurück, um für eine Weile in Ruhe zu sein. Setzen Sie eine bestimmte Zeitspanne zwischen zehn und zwanzig Minuten fest. Achten Sie darauf, dass Sie diese Zeit ganz für sich haben.
- Setzen Sie sich nun aufrecht auf ein Kissen oder einen Stuhl, Ihre Schultern sind entspannt. Ihr Blick ist nach vorne gerichtet. Legen Sie Ihre Hände ineinander vor Ihren Unterbauch und spüren Sie Ihre Atembewegungen in Ihrer Mitte (Hara).
- Jetzt lassen Sie den Atem ganz natürlich in sich einströmen. Dabei hebt sich Ihr Unterbauch. Mit dem Ausatmen wird Ihr Unterbauch wieder flacher, und Sie zählen nun während des gesamten Ausatmens Ihren Atem. Sie beginnen mit „einsssss".
- Danach folgt eine kurze natürliche Atempause, und Ihr Atem hebt wieder Ihren Unterbauch im Einatmen.
- Dann zählen Sie beim nächsten Ausatmen „zweiiiiiii".
- Es folgt eine kurze natürliche Atempause, und Ihr Atem hebt wieder langsam Ihren Unterbauch im Einatmen.
- Nun zählen Sie beim nächsten Ausatmen „dreiiiiiii".
- Danach folgt wieder eine kurze natürliche Atempause, und Ihr Atem hebt wieder Ihren Unterbauch im Einatmen.
- Wenn der Zeitraum, den Sie sich für das Üben vorgenommen haben, zu Ende ist, öffnen Sie Ihre Augen, strecken Ihre Beine und stehen langsam wieder auf.

Sie können dieses Zählen des Ausatmens von eins bis zehn durchführen und beliebig oft wiederholen oder die gesamte Übungszeit fortwährend durchzählen. Sollten Sie während des Zählens wieder beginnen zu denken, dann fangen Sie wieder neu bei „eins" an. Werten Sie störende Gedanken nicht, sondern fangen Sie einfach immer wieder neu an, getreu dem Motto: „Zen-Geist – Anfänger-Geist" (siehe Anhang, „Bücher, die weiterhelfen" Seite 155).

DIE KUNST
IM ALLTÄGLICHEN

Die japanischen Künste und die Kultur wurden vom Zen sehr
stark geprägt. Das betrifft nicht nur die Art und Weise, wie sich
die unterschiedlichen Kunstformen entwickelt haben, sondern
insbesondere, mit welcher inneren Haltung eine Kunst prakti-
ziert wird und zu welcher Haltung sie innerlich führt.

KARMISCHE BEGEGNUNG

Schon einige Zeit verbrachte ich nun im Tempel von Zen-Meister Bunryo Yamada
Roshi. Da besuchte ein jüngerer Mönch den Tempel, der Englisch sprach. Die bisherigen Unterweisungen von Meister Yamada hatte ich jenseits der Worte, von Herz
zu Herz, empfangen. So freute ich mich, dass ich nun die Gelegenheit hatte, Fragen
zu stellen. Zunächst versuchte ich zwar, mich in Zurückhaltung zu üben. Allerdings
gelang mir das nicht besonders gut. Doch geduldig bekam ich Antworten auf jede
meiner Fragen, und ich wollte zu jener Zeit noch sehr viel wissen.
Zu dem jungen Mönch verspürte ich sofort eine tiefe Verbindung. Auf Japanisch sagt
man dazu: „En ga Fukai" – „Das Karma ist tief." Der junge Mönch hieß Yasusada
Seki, kurz Yasan. Er befragte mich nun nach meinen Absichten und Zielen, und ich
teilte ihm – wie auch schon Meister Yamada – mit, dass ich in ein Zen-Kloster gehen
und Mönch werden wollte, um mich so ganz dem Zen-Weg zu verschreiben.
Wie ich später erfahren sollte, hatten die beiden zu dieser Zeit das eine oder andere

Yasusada Seki Doshi, engster Freund und Meister des Autors, leitet ein Zen-Zentrum in Japan.

Gespräch darüber, wie sie mich am besten nach Deutschland zurückschicken könnten, ohne mich zu kränken. Sie machten sich auch Sorgen um meine Eltern. Zu ungewöhnlich schien ihnen die Idee meines weiteren Lebensweges. Immerhin war ich ja „nur" ein Ausländer, der sich in tief verwurzelte traditionelle japanische Strukturen hineinbegeben wollte. Eine Aufgabe, der auch viele Japaner nicht gewachsen sind. Sie waren sich keineswegs sicher, ob ich die harte Schulung des Zen wirklich durchstehen würde.

Zen in der Großstadt

Doch zunächst ging ich mit Yasan nach Kobe. Hier befand sich der Tempel seines verstorbenen Vaters, Ryusen-Ji, dem nun sein Bruder vorstand. Yasans Vater war auch der frühere Abt des Zen-Klosters Eigen-Ji, der den Rinzai-Zen Anfang der Siebzigerjahre des vorigen Jahrhunderts nach Deutschland gebracht hatte.

Ich lebte nun einige Zeit in Kobe und lernte viel von Yasan. Im Tempel kam ich in ersten Kontakt mit den Zen-Künsten Japans, die mich tief beeindruckten und die bis heute mein Leben bereichern.

So lernte ich Tee-Zeremonie (Cha-Do), Zen-Flöte (Shakuhachi) und Kalligrafie (Shodo). Bei all diesen Künsten handelt es sich im Grunde immer um das Gleiche, den Do (Chinesisch: Tao), den Weg und die innere Haltung. Es geht immer darum, eins zu werden: eins mit der Tasse Tee, eins mit dem Ton der Flöte, eins mit dem Pinselstrich. Außerdem lernte ich jetzt Japanisch und fand auch eine Anstellung als Lehrer für Englisch, Deutsch und Französisch bei einer der Berlitz-Sprachschulen. Nebenbei jobbte ich als Model. Diese Tätigkeiten sicherten meinen Lebensunterhalt, und ich konnte mich meinen vielfältigen Studien widmen. Nach einiger Zeit zog ich in die alte Kaiserstadt Kyoto und fand hier ein Zimmer in einem Haus direkt an der Außenmauer des Kennin-Ji-Klosters, das ich auch regelmäßig zur Meditation aufsuchte. Mit diesem Kloster hatte ich von Anfang an eine enge innere Verbindung. Immer wieder zog es mich dorthin.

DIE KÜNSTE SIND EIN WESENTLICHER TEIL JAPANISCHER GEISTESKULTUR. WICHTIG IST ES HIER IMMER, EINEN LEHRER ZU FINDEN, DER NICHT NUR DIE ÄUSSERE FORM, SONDERN DIE INNERE HALTUNG LEHRT.

Im Herzen der Tradition

So begegnete mir eines Tages auch mein Zen-Flötenlehrer nur einen Block weit vom Kennin-Ji-Kloster entfernt. Auch mein Tee-Meister und mein Kalligrafie-Lehrer begegneten mir hier, ohne dass ich lange suchen musste. Für mich fügte sich alles. So lernte ich die japanischen Künste und vertiefte sie. Ich durfte sogar bei großen Tee-Zeremonien in Zen-Klöstern und auch im Shogun-Palast mit meinem Meister Zen-Flöte spielen. Ich war im Herz der Tradition angekommen.

Was mich bei meinen Meistern besonders beeindruckte, war natürlich ihre innere Haltung und die Verbindung mit ihrer Mitte, die sie im Üben bewahrten. Zugleich besaßen sie aber auch eine Lockerheit und Gelassenheit dem Leben und dem Alltag gegenüber und waren keineswegs nur einseitig auf ihre Kunst fokussiert. Alle waren anerkannte Meister alter japanischer Traditionen und Künste, zugleich aber durchaus offen für die modernen Strömungen der Stadt. Diese Haltung und dieses Nicht-Abgehobensein gefielen mir besonders.

Und so kam es, dass ich einmal, nachdem ich mit meinem Zen-Flöten-Meister bei einer feierlichen Tee-Zeremonie in einem großen Zen-Kloster gespielt hatte, ihn abends noch begleitete, wo er in einem Club mit einer Jazz-Band jammte.

DAS GANZE LEBEN GEBEN

DIE 2. ERKENNTNIS:

DIE WICHTIGSTE ZEN-LEBENSHALTUNG IST:
„NAN DEMO ISHO KEN MEI" – EINFACH ÜBERSETZT:
„STRENG DICH AN." WORTWÖRTLICH ABER BEDEUTET
DER SATZ: „GIB DEIN GANZES LEBEN VÖLLIG HINEIN
IN DIESES TUN, IN DIESEN MOMENT."

Sich von Vor-Stellungen befreien

Woraus besteht das Leid in unserem Leben? Allzu oft entsteht es aus der Sorge und aus Ängsten über die Zukunft. Die Zukunft scheint so vieles zu bestimmen. Termine, Pläne, Ziele im Leben. Dabei ist das Morgen immer ungewiss. Schließlich wissen wir nichts über das, was das Morgen tatsächlich bringen wird.
Interessanterweise gibt es in der japanischen Grammatik keine Zukunftsform. Nicht so wie im Deutschen, wo wir in der Zukunft sogar über bereits Vergangenes sprechen können. „Ich werde nächstes Jahr in Tokio gewesen sein." Merken Sie etwas, wenn Sie diesen Satz lesen? Hier befinden Sie sich in einer vollkommenen Illusion. Dies bedeutet im Zen „die im Moment überflüssigen Gedanken".

Auch bei den Gedanken an morgen im Jetzt bleiben

Das heißt nun nicht, dass ich für den nächsten Tag keine Pläne haben sollte. Aber vom Standpunkt des Zen sollte ich diese bewusst und im Jetzt planen und nicht unentwegt im Geiste im Morgen sein, während ich jetzt etwas anderes tue. Es entspricht so dem unmittelbaren Zeitverständnis, wie wir es an kleinen Kindern beobachten können: Für ein kleines Kind gibt es nur das eine, was es gerade tut, den Moment, in dem es gerade spielt. Es wird in seiner Zeit eins mit dem, was es tut. Vergangenheit und Zukunft existieren für ein kleines Kind noch nicht. Es ist immer im Jetzt.

Sich die ursprüngliche Wachheit bewahren

Professor Urs App, der bekannte Zen-Forscher und der von uns geliebte Pate unserer jüngeren Tochter, schrieb ihr anlässlich ihrer shintoistischen Weihe Folgendes auf: „Mögest Du eines Tages wiederfinden, was jetzt aus Deinen Augen leuchtet." Denn nur darin liegt der Weg. Doch haben wir alle diese ursprüngliche, reine Wachheit in uns. Der reine Moment, der reine Geist ist immer und jederzeit in uns existent. Ich muss mich nur ganz wach und rein in den Moment geben und mit der Begeisterung und Freude eines Kindes leben. In dem Moment, in dem Sie sich völlig auf das einlassen, was Sie tun, wenn Sie Ihre Energie im Jetzt bündeln – dann sind Sie wirklich konzentriert, kreativ und effizient. Auf diese Weise bildet sich Ihre Zukunft aus Ihrem Handeln jetzt. Geben Sie sich ins Jetzt. Lassen Sie sich ganz darauf ein, immer wieder, in jedem Moment. Mehr ist nicht zu tun.

Wach und mit offenen Augen geht ein Kind auf die Reise durch sein Leben. Mit jedem Tun ist es ganz bei sich.

MEDITATION DES SCHREIBENS – SHODO

Eine weitere Zen-Übung ist die Kunst der Kalligraphie, die Sie mit den Schriftzeichen auf dieser Seite üben können. Hier sehen Sie die Zeichen für den berühmten Vers: „Jeder Tag ist ein guter Tag."

- Zu Anfang versuchen Sie, sich wieder in Ihrer Mitte zu sammeln und aus der Sammlung in die Bewegung des Schreibens zu gehen.
- Nehmen Sie ein Blatt Papier, einen Pinsel und Tusche oder wenn Sie möchten auch einen Bleistift. Jedes Zeichen hat eine bestimmte Strichfolge. Folgen Sie einfach der Nummerierung und den Pfeilen. Es geht dabei immer wieder darum, sich auf das Objekt – in diesem Fall die Pinselspitze – zu konzentrieren und sich mehr und mehr auf das Tun einzulassen, bis Sie ganz im Moment aufgehen.
- Am Ende sammeln Sie sich auch wieder in Ihrer Mitte, um die Übung abzuschließen.

Sie können den Satz einmal oder, wenn Sie möchten, auch mehrmals hintereinander auf das Papier schreiben. Am besten nehmen Sie sich eine bestimmte Zeitspanne zum Üben vor.
Wichtig: Die innere Haltung zählt.

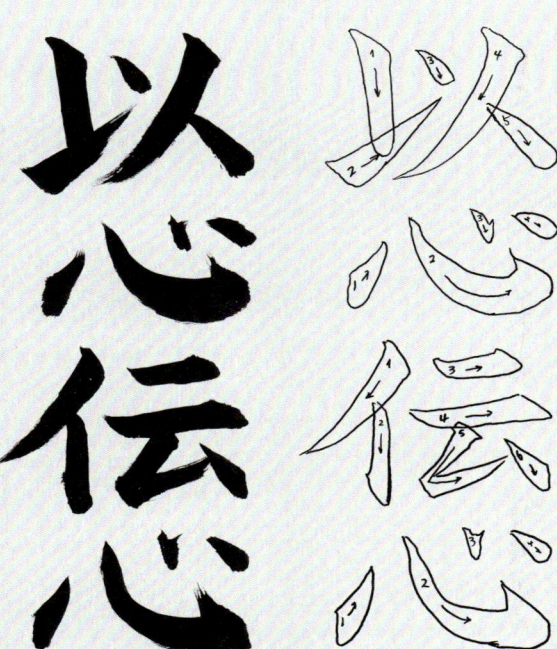

禅寺

IM ZEN-KLOSTER

ENDLICH ZEN-MÖNCH

Nun glaubte ich, am Ziel zu sein und endlich etwas erreicht zu haben nach meinem langen Weg. Doch sollte mich der Klosteralltag allzu schnell meiner Vorstellungen berauben und mich wieder auf den Boden der Wirklichkeit zurückbringen.

BEHARRLICHKEIT ZEIGEN

Nach einem Jahr der Zen-Praxis in Kyoto, meinem Studium der japanischen Sprache und der Zen-Künste akzeptierte Yamada Bunryo Roshi meinen Wunsch, als Zen-Mönch in das traditionsreiche, im Jahr 1361 gegründete Eigen-Ji-Kloster einzutreten. Er war bereit, für mich zu bürgen, woraufhin das Kloster in meine Aufnahme als Novize einwilligte. Ohne einen Bürgen kann man nicht in einem japanischen Zen-Kloster aufgenommen werden. Dann schor er mir meinen Kopf, stattete mich mit einer Mönchskutte aus sowie allem, was ein Mönch im Zen-Kloster haben musste und durfte, und verlieh mir den Mönchsnamen Dokuho. Dieser wird abgeleitet vom ersten und letzten Schriftzeichen eines Zen-Verses: „Doku Za Dai Yu Ho" (japanisch: 独座大雄峰), zu Deutsch: „Alleine sitzen wie ein großer, mächtiger Gipfel."

Um Einlass bitten

So schritt ich zum Eingang der Mönchsquartiere, kniete auf der Treppe nieder, neigte meine Stirn auf meine Umhängetasche und rief: „Tano mi ma sho" – „Ich bitte um Einlass." Nach einiger Zeit trat ein Mönch heraus, beugte sich zu mir herab und sagte: „Das Kloster hat keinen Platz für dich. Geh!" Daraufhin verharrte ich stundenlang in meiner knienden Haltung. Doch niemand kam, um mich hereinzuholen.

Drei Tage harrte ich auf den Stufen aus – nur unterbrochen von kleinen Mahlzeiten, die man mir reichte. Abends wurde ich immer in einen kleinen Raum geführt, um hier die Nacht über unter Beobachtung zu meditieren. Um das stundenlange Sitzen auszuhalten und die Sitzhaltung zu bewahren, band ich meine Beine mit dem Mönchsgürtel an meinen Körper. Wie sich später herausstellen sollte, gab es dann doch einen Platz für mich im Kloster. Nach dem Aufnahmeritual brachte man mich zum Abt Shin Ohara Daiyu Roshi zur ersten Begegnung, dem Sho Ken. So wurde ich als erster ausländischer Zen-Mönch im Eigen-Ji-Kloster von ihm geweiht.

Dem Zen liegt es fern, jemanden überzeugen zu wollen. Man muss mit Ausdauer beweisen, dass man wirklich diesen Weg gehen will. Nachdem man mir meinen Platz in der Meditationshalle gezeigt hatte, wurde ich nun zur Arbeit in der Küche eingeteilt.

Bis zur Aufnahme des Dokuho gab es keinen ausländischen Mönch im Eigen-Ji-Kloster.

ES GIBT NICHTS ZU ERREICHEN

DIE 1. ERKENNTNIS:

WENN DU DENKST, ES GIBT EINEN BESSEREN MOMENT ALS DIESEN, DANN HAST DU IHN SCHON VERPASST.

Zen ist unablässiges Üben

Ich erinnerte mich an meine Zen-Lehrerin in Deutschland, die vor mehreren Jahren als Laie einige Zeit im Eigen-Ji-Kloster verbracht hatte. Auch sie hatte sich auf die „Auszeit" im Kloster gefreut, um endlich aus ihrem Alltag herauszutreten und viel Zeit für die Meditation zu haben. Doch sie landete wie ich zuerst beim Küchendienst. Nutzen Sie Ihre Meditationen zur inneren Sammlung, aber vergessen Sie nicht Ihren Alltag und das Üben darin.

Im Zen nennt man dies Samu, die „Übung im Alltag" (siehe auch Seite 76). Sie ist typisch für den nördlichen Buddhismus (Mahayana). Das Besondere dieser Richtung spiegelt sich in einem Zitat des chinesischen Zen-Meisters Hyakujô:

> EIN TAG OHNE ARBEIT
> IST EIN TAG OHNE ESSEN.

Zen ist eben sehr alltagsbezogen und pragmatisch. So erklärte mir der Abt meines Klosters einmal, warum er nicht einfach so nach Europa kommen wolle, um hier Zen-Meditationswochen abzuhalten. Denn er würde den Menschen, die sich im Zen schulen wollten, immer viel lieber Samu als Zen-Übung raten, also normale alltägliche Arbeiten als Meditationsübung durchführen lassen. Doch ob dies einfache Tun im Jetzt viele als echte Zen-Praxis verstehen würden?

Nichijo-Zen – Alltags-Zen

Natürlich ist es wichtig, in der Stille und
Meditation seinen Geist zu schulen und zu
schärfen, um dadurch einen Zustand inne-
rer Wachheit zu erlangen und diesen auch
zu bewahren. Mit dieser Achtsamkeit gehen
Sie in Ihren Alltag und bereichern ihn.
Gerade einfache, sich wiederholende Tätig-
keiten bieten die Chance zur Meditation.
Für mich als junger Küchen-Mönch bedeu-
tete dies zum Beispiel, mich ganz auf das
Zubereiten einer Mahlzeit einzulassen.
Das stellte mich vor eine besondere
Herausforderung, da ich keine Ahnung vom

Zen bedeutet das Üben im Alltag, wie etwa die Zubereitung von Mahlzeiten.

Kochen hatte – von der japanischen Küche ganz zu schweigen. Auch musste ich mich
in dieses Tun erst hineinfinden. Ich wurde dabei immer wieder angehalten, nicht zu
unterscheiden zwischen Meditation und alltäglichen Arbeiten. Im Grunde sind sie
immer das Gleiche.

Nicht trennen zwischen dem Innen und Außen

Die Welt der inneren Praxis und die Welt des Alltags mit ihren äußeren Erscheinun-
gen sind eins. Besonders im japanischen Zen leben die Mönche nach ihrer Klosterzeit
im Tempel auch in den Großstädten. Dabei lebt jeder ganz unterschiedlich, wie jeder
andere Mensch auch: Sie haben eine Freundin, verheiraten sich, haben Kinder, oder sie
bleiben alleine. Manche arbeiten zusätzlich zu ihren Aufgaben als Priester, die sie im
Tempel erfüllen, noch als Lehrer oder in anderen Berufen. Das alles ist relativ normal.
So normal und gelassen wie ein japanischer Zen-Mönch können auch Sie dem Zen
begegnen und ihn praktizieren – als etwas ganz Alltägliches. Idealerweise nutzen Sie
Ihren Alltag und alle Tätigkeiten, die darin anfallen, auch bewusst zur Zen-Praxis, wie
Sie es auf den vorangegangenen Seiten gelesen haben.

ALLTAGSMEDITATION KOCHEN

Das Wesentliche beim Kochen, wie bei jeder anderen alltäglichen Tätigkeit, ist, mit ganzem Herzen bei der Sache zu sein. Diese Weisheit beherrschen auch ausgezeichnete Köche intuitiv. Das „Mit-dem-Herzen-Kochen" verleiht den Speisen eine besondere Qualität. Geben Sie sich in dieser Übung ganz in die Zubereitung Ihrer Mahlzeiten. Gehen Sie ganz in Ihr Tun und werden Sie eins mit dem Kochen.

- Ziehen Sie sich in die Küche zurück. Richten Sie in Ruhe alle Gerätschaften auf Ihrer Arbeitsplatte her, die Sie für die nächsten Arbeitsschritte brauchen, zum Beispiel ein Schneidebrett, ein Messer und eine Gemüsesorte.
- Stellen Sie sich vor der Arbeitsplatte aufrecht hin. Ihre Schultern sind entspannt, die Beine stehen hüftbreit auseinander, die Knie sind leicht gebeugt. Ihr Blick ist auf die Arbeitsplatte gerichtet. Legen Sie Ihre Hände auf Ihren Unterbauch und spüren Sie Ihre Atembewegungen in Ihrer Mitte (Hara). Verweilen Sie so einige Minuten.
- Nun nehmen Sie sich ein Gemüse Ihrer Wahl und beginnen damit, es zu waschen. Dabei ist Ihre ganze Aufmerksamkeit auf Ihre Hände und das Gemüse gerichtet. Versuchen Sie Ihren Geist nur auf diese einfache Bewegung des Waschens zu sammeln.
- Dann schälen oder putzen Sie Ihr Gemüse voller Achtsamkeit und Ruhe.
- Nun legen Sie das Gemüse auf das Schneidebrett und zerkleinern es. Ihre Aufmerksamkeit sollte immer auf die Bewegung, auf einen Schnitt, gerichtet sein. Ein Schnitt folgt auf den anderen. Das ist so kurz wie ein Augenblick.
- Mit derselben Achtsamkeit bereiten Sie nun die anderen Zutaten für Ihr Gericht vor.
- Nun fahren Sie Schritt für Schritt fort, wie es das Rezept für das von Ihnen ausgewählte Gericht erfordert, und kochen daraus Ihre Mahlzeit. Wichtig ist dabei, dass Sie jeden Handgriff langsam und achtsam durchführen und dass Sie mit allen Sinnen in Ihrer Tätigkeit sind. Hören Sie, wie das Öl im Topf zischt, wie die Zutaten duften, während sie garen, wie sich die Gewürze anfühlen, die Sie hineinstreuen. Alles, was Sie tun, ist gleich wichtig, und so kochen Sie mit ganzem Herzen, was man zum Schluss sicher auch herausschmecken wird.

Wenn Sie fertig mit dem Kochen sind, kommen Sie noch einmal in Ihre Mitte und konzentrieren sich auf Ihren Atemrhythmus. Beobachten Sie Ihren Atem für eine Weile und beenden dann die Übung.

ALLTAG
IM KLOSTER

Es galt nun nicht nur, in der Küche ohne Worte auszukommen, zu lernen und in allem das richtige Maß zu finden. Der Klosteralltag war zudem von strengen, disziplinierten Abläufen und Ritualen geprägt, die für einen Menschen aus dem Westen wie mich anfangs nur schwer zu meistern waren.

NUR DIE GEMEINSCHAFT ZÄHLT

Der Alltag im Zen-Kloster war sehr stark strukturiert: Um 4.00 Uhr ertönte die Glocke eines Mönchs, der da rief: „Kai cho! – Aufwachen!" Wir Mönche, die im Meditationsraum (Zendo) an unserem bestimmten Platz schliefen, auf dem wir tagsüber auch meditierten, sprangen daraufhin sofort auf. Wir suchten die Toilette auf, wuschen uns kurz das Gesicht, zogen uns die Kutten über, rollten unsere Futons ein und knieten dann auf unseren Plätzen nieder und warteten auf das Glockenzeichen. Als die Glocke aus der Haupthalle (Hondo) ertönte, verließen wir in schnellem Schritt nacheinander und in einer Reihe den Zendo.

Im Hondo nahm dann jeder seine Aufgaben und Ämter ein. Ein Mönch schlug die große Klostertrommel, ein anderer bereitete die Sutren vor. Da im Kloster nur wenig erklärt wurde, lernte ich mit den Augen und las mit den Ohren, wie es heißt. Alles musste ich mir abschauen und selbst erfahren, ganz anders als damals in der Klosterschule, wo mir als Kind Wissen einfach nur eingetrichtert wurde.

Sommers wie winters standen die Türen weit offen. Der Wind pfiff uns dabei um die Ohren, und zur kalten Jahreszeit wehte auch der Schnee hinein. Traf man den Rhythmus der Gebetstrommel nicht, korrigierten dies die älteren Mönche sofort.

Die rechte Haltung und innere Sammlung – zu jeder Zeit

Ab 4.45 Uhr ging es dann zurück in den Zendo. Auch hier waren alle Türen weit geöffnet. Bis 6.45 Uhr fand nun Zen-Meditation statt, die genau der entsprach, die mir der Zen-Meister bei meinem ersten Sesshin in München erklärt hatte. Wichtig dabei sind die Haltung des Körpers, die Sammlung des Geistes und die Konzentration auf die Sammlung des Atems im Unterbauch, den man auch zählen kann (siehe Seite 32 und 82). So übten wir uns also im Zazen (Zazen: von japanisch „Za"- [sitzen]; „Zen"- [Versenkung]), der stillen Meditation, und gingen dann beim Glocken-

Die Bettelgänge der Mönche gehören zum Klosteralltag wie das Meditieren.

zeichen zum sogenannten Doxan. So nennt man die Begegnung mit dem Zen-Meister, während der jeder Mönch einen Koan, eine paradoxe Frage oder Aufgabe (siehe auch Seite 102) beantworten oder lösen soll. Dies kann nicht durch den Verstand geschehen. Man muss zur Antwort werden.

Wurde ein Koan vom Verstand her beantwortet, schickte einen der Meister sofort wieder hinaus. Waren der Doxan und die Meditation beendet, ging es zum Frühstück mit Reissuppe und eingelegtem Rettich. Als Küchenmönch hatte ich mit der Zeit gelernt, dieses Frühstück zuzubereiten sowie mittags Suppe, Gemüse und wieder Reis und abends noch einmal ein einfaches Gericht auf den Tisch zu bringen.

Arbeit als Meditation

Nach dem Frühstück übten wir uns bis etwa 11.00 Uhr in Gartenarbeit. Alle Arbeiten (Samu) dienen dem Betrieb und dem Unterhalt des Klosters und sind zugleich ein wesentlicher Bestandteil der Zen-Übung. Es gilt dabei, die Achtsamkeit und Wachheit, die man im Zazen sammelt, in etwas Alltägliches zu bringen, wie zum Beispiel durch das Zusammenkehren herabgefallenen Laubs, das Jäten des Unkrauts oder die Zubereitung unserer Mahlzeiten. Bei allem geht es immer um das „Wie" der Arbeit, die verrichtet wurde (siehe Seite 83). Das Ergebnis erwächst aus dieser inneren Haltung von selbst. Dreimal in der Woche gingen die Mönche außerdem am Morgen zum Takuhatsu, dem Betteln.

Unterbrochen wurde das Samu nur von einer Mittagspause, die bis 13.00 Uhr dauerte. Dann arbeiteten wir wieder bis um 16.00 Uhr, woran sich zwei Einheiten Zazen anschlossen. Um 17.30 Uhr gab es dann Yakuseki, das Abendessen. Von 18.00 Uhr bis 20.10 Uhr war wieder Zen-Meditation und Zeit für Doxan, die Begegnung mit dem Meister. Danach gab es Tee, und wir hatten bis 20.45 Uhr Pause. Um 21.00 Uhr fand eine zehnminütige Sutra-Rezitation statt. Anschließend rollte jeder Mönch seinen Futon aus. Das Licht wurde ausgeschaltet, und das Nachtsitzen (Yaza) unter dem Sternenhimmel und bei jeder Witterung begann. Hierzu nahm sich jeder leise sein Sitzkissen und setzte sich damit unter das Vordach vor die Haupthalle. Die Sitzordnung wird immer vom jeweiligen Rang der Mönche bestimmt.

Von der Strenge des Zen

So war der Mönch, der vor einem anderen ins Kloster eingetreten war, dessen Senpai (deutsch: „der vor einem in den Weg Eingetretene") und der andere der Kohai. Ich als der jüngste Neuzugang (Shinto) saß am Ende des Ganges. Mein Senpai war sehr streng und sehr direkt. Dies bekam ich einmal beim Nachtsitzen zu spüren: Normalerweise erhob sich gegen 23.00 Uhr der erste Mönch, um hineinzugehen. Nach etwa zehn Minuten folgte ihm der nächste. Oft geschah es, dass mein vor mir sitzender Senpai einschlief und ich warten musste, bis er erwachte. Eines Nachts dachte ich wieder, er schliefe, und tippte ihm auf die Schulter. Als Antwort schnellte seine Faust direkt in mein Gesicht. Ich sah plötzlich noch mehr Sterne am Himmel und setzte mich wieder. Nun war ich in der katholischen Klosterschule als Kind auch mit Härte erzogen worden. Doch neben den Schlägen hatten die Strafen damals auch eine persönliche, verletzende Seite: Ich sollte mich schuldig und schlecht fühlen, um so aus meinen Fehlern zu lernen.

Im Zen-Kloster herrschten auch strenge Sitten. Man bekam durchaus auch einmal einen Schlag oder wurde angeschrien, jedoch war im nächsten Moment wieder alles vergessen. Mit dieser direkten, klaren Art und Weise des Korrigierens ohne persönliche Kränkung, wie sie hier im Kloster üblich war, konnte ich besser leben. Zudem dient das Schlagen immer nur dem Zweck des Aufwachens oder des Berichtigens. Bei den mehrmals im Jahr stattfindenden intensiven Meditationswochen, zum Beispiel vom 1. bis 8. Dezember, der Zeit von Buddhas Erleuchtung unter dem Bodhibaum, meditieren die Mönche, ohne zu schlafen. Damit alle während dieser Zeit wach bleiben, geht ein Mönch mit dem Weckstab (Keisaku) herum und schlägt die anderen mit voller Wucht auf die Schultern.

Alles ist Übung

Neben Samu ist im Zen-Kloster die Praxis des Bettelns (Takuhatsu) üblich: Auch sie dient der inneren Übung. Die Mönche tragen dabei einen Bettelhut und wandern die Straßen entlang. Dabei stoßen sie dann den Bettelruf „Hooo!" aus und warten, bis sich eine Tür öffnet. Der Bettelhut wird dabei so weit ins Gesicht gezogen, dass kein Gesicht darunter erkennbar ist. Die Auflösung des Ich ist ein wichtiger Aspekt dieser Übung. Zugleich dient sie dem praktischen Zweck des Sammelns von Lebensmitteln, von denen sich die Mönche ernähren, die nebenbei auch eigene Felder ihrer Klöster bestellen.

Der Alltag im Zen-Kloster ist jedoch keineswegs nur durch Strenge geprägt. Es gibt gelegentlich auch Zeiten, in denen die Regeln aufgehoben werden und man unbeschwert zusammen feiert und sich unterhält. Auch gibt es keinen Zölibat im japanischen Zen, sondern es ist jedem Mönch frei überlassen, nach seiner Klosterzeit eine Freundin zu haben oder zu heiraten. Herzlichkeit und Heiterkeit lösen die Strenge des alltäglichen Lebens ab und kultivieren so ebenfalls unseren Geist.

Auch gemeinsames Feiern und Lachen gehören zur Pflege der Gemeinschaft im Zen-Kloster.

DAS TORLOSE TOR ÖFFNEN

DIE 2. ERKENNTNIS:

DER GROSSE ZEN-TEXT, IN DEM VIELE KOANS
AUFGEFÜHRT SIND, NENNT SICH MUMON-KAN.
MUMON BEDEUTET „TORLOSES TOR".
DIE LETZTE ERKENNTNIS KANN ICH NICHT ERDENKEN,
NICHT ERKLÄREN, ICH MUSS GANZ LEER WERDEN.
DANN ÖFFNET SICH DAS „TORLOSE TOR".

Den Geist leeren

Durch Geduld und Ausdauer beim Üben schulen sich die Mönche im Kloster, um bei sich zu bleiben, leer zu werden und das Annehmen unangenehmer Bedingungen zu lernen. Übung findet immer statt, auch wenn es schneit und kalt ist, wenn einem in einer Sommernacht die Mücken zusetzen oder wenn einen die höher gestellten Mönche wegen eines Fehlers rügen und anrempeln. Durch Meditation und Samu lernt man, nicht aus seinem Kleinen Ich (siehe auch Seite 101) heraus zu leben, sondern sich auf den Weg zu machen ins Große Ich, um sich zu lösen aus der Verstrickung des Kleinen Ich. Gleichzeitig habe ich aber vom Großen Ich aus die Möglichkeit, durch das immer leerer Werden meines Geistes hindurchzugehen durch das Torlose Tor und einzutreten in das leere, allumfassende Ich.

Schwieriges annehmen lernen

Es gilt also, über sich hinauszugehen und in die Leere und Klarheit des Geistes einzutauchen, um aus dieser zu leben. So kann es Ihnen gelingen anzunehmen, was das Karma (siehe auch Seite 148), das Leben oder das Schicksal mit sich bringt. Das heißt auch, Härten und Schicksalsschläge zu akzeptieren, weiterzugehen und nicht aufzugeben, dabei versuchen, wach zu bleiben und sich nicht in Jammern, Kummer oder Angst zu verlieren. Tatsächlich ist die wahre spirituelle Praxis im Zen das, was schwierig ist anzunehmen. Eine einfache kurze Meditationseinheit mag entspannend und wohltuend sein. Durch das lange Sitzen und die Härte im Zen lernt man jedoch hindurchzugehen, das Leid anzunehmen und dadurch zu lindern. Das kann auch dann gelingen, wenn Sie selbst beispielsweise durch eine schwierige Zeit im Leben gehen, mit einer Krankheit, einer Trennung oder dem Tod eines lieben Menschen fertigwerden müssen. Das wirklich Annehmen und die Situation nicht zu verdrängen oder eine Ablenkung zu kompensieren, kann den Schmerz wirkungsvoll lindern. Das ist oft nicht einfach.

Schmerz annehmen lernen

Doch zeigt die Erfahrung, dass erst das Annehmen des Schmerzes und das sich nicht Verstricken in auftretenden Ängsten den Schmerz lindern kann. Geschieht dies nicht, wird der Schmerz dadurch immer intensiver. In solchen Situationen muss ich versuchen, im Moment zu bleiben und mich nicht in Ängsten und Sorgen zu verlieren. Nur wenn ich mein Ich vergesse, bleibe ich wach und kann den Schmerz oder Schicksalsschlag besser annehmen, mit ihm umzugehen lernen und gleichzeitig wach den Moment leben.

Der Weg des Ich ins Jetzt

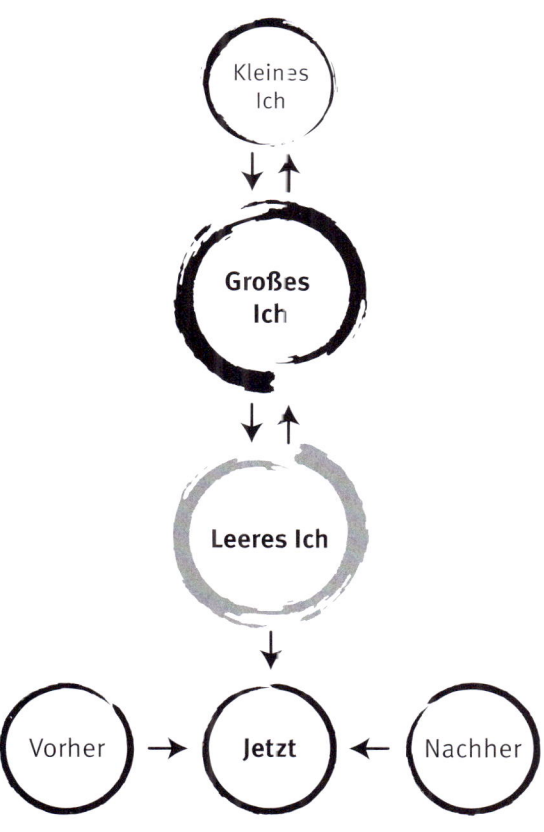

Der Weg aus dem „Kleinen Ich" in das All-Eine wird gebahnt durch die regelmäßige Meditation.

KOAN-MEDITATION

Wenn Sie Ihren Geist leeren und sich ganz auf die Übung und Ihr aktuelles Thema einlassen, dann erfahren Sie die Fülle der Leere, denn die Leere ist alles. Es gibt keinen Unterschied. Die Koan-Übung hilft uns, unser normales Denken zu übersteigen und in der Leere des Herzens die allumfassende Einheit zu erfahren.

- Ziehen Sie sich an einen ruhigen Platz zurück, an dem Sie nicht gestört werden. Nehmen Sie sich zehn oder zwanzig Minuten Zeit für sich und setzen Sie sich bequem auf ein Sitzkissen, einen Stuhl oder eine Matte.
- Legen Sie Ihre Hände entspannt ineinander in Ihren Schoß (siehe Seite 20). Schließen Sie Ihre Augen etwas. Strecken Sie Ihren Scheitel zum Himmel und öffnen Sie sich nach oben. Ihr Blick zeigt nach vorne, Ihre Schultern sind entspannt.
- Atmen Sie ganz natürlich und beobachten Sie Ihren Ein- und Ausatem im Unterbauch. Lassen Sie den Atem immer von selbst kommen. Lassen Sie ihn einströmen und geben Sie sich dann ganz in die Ausatmung hinein.
- Versuchen Sie mit der Unmittelbarkeit eines Kindes einzugehen auf die folgende Aufgabe. Sie werden schnell merken, dass Sie mit Überlegen nicht weit kommen. Versuchen Sie also noch mehr, sich völlig auf den Koan einzulassen.
- Wenn Sie sich mit dem Koan beschäftigen, lassen Sie alle Überlegungen los und auch Ihren Willen. Widmen Sie sich Ihrem Koan und bleiben Sie mit Ihrem Atem in Ihrer Mitte. Dann wird die Antwort ganz selbstverständlich in Ihnen aufsteigen und Sie selbst auf diese Weise zur Antwort.

Koan: „Lassen Sie den Buddha auf einem Bild drei Schritte gehen."

PILGERJAHRE

NUR EIN BETTELMÖNCH

Seit Buddhas Zeiten galt in den Klöstern die Regel, dass die Mönche während der Regenzeit im Kloster blieben und sich hier mit Meditation und dem Studium des Dharma, der buddhistischen Lehre, beschäftigten. Danach gingen sie auf Pilgerschaft zum Betteln. Auch die Praxis, sich als Bettelmönch auf traditionellen Pilgerwegen zu üben, hat sich bis heute erhalten.

DEMUT, MEIN BEGLEITER

Von meinem Kloster aus machte ich mich auf zum Koya San, einem der heiligen Berge des japanischen Buddhismus. Hier legte einst Kukai, der Gründer des Shingon-Buddhismus, den Grundstein für den 1200 Kilometer langen Pilgerweg der 88 Tempel. Er führt von dem Hauptkloster auf dem Berg über eine Meerenge auf die Insel Shikoku. Am Abend des ersten Tages meines Pilgerweges legte ich mich unter den Treppen des ersten Tempels zum Schlafen. Frühmorgens machte ich mich dann nach meiner Meditation auf, um in sieben Wochen die 88 Tempel zu besuchen und in jedem die Herz-Sutra zu rezitieren. Morgens begann mein Weg mit dem Bettelgang. Die liebevolle Gastfreundschaft dem ausländischen Mönch gegenüber und die großzügigen Spenden, die in meiner Betteltasche landeten, waren überwältigend. Immer wieder boten mir Menschen an, in ihren Häusern zu nächtigen, und sie versorgten mich. Eines Tages saß ich an einem Pfeiler eines Tempeleingangs und aß etwas. Da kam ein Pilgerbus mit 30 älteren japanischen Damen. Sie stiegen aus und kamen auf mich zu. Ich stand auf und verbeugte mich, und fast jede von ihnen steckte mir einen Geldschein in meine Betteltasche, woraufhin ich in Demut versank.

Ein Stück des Weges ging ich auch mit einer fast 80-jährigen Frau und ihrem jungen Enkel, die mich anschließend ebenfalls zu sich nach Hause einluden. Je länger ich auf dem Weg war, umso unbedeutender wurden mir alle meine „Wichtigkeiten", ja, auch ich selbst. So ging ich Tag für Tag weiter, die menschenleere, steinige Küste entlang, und die Natur nahm mich in sich auf. Die Frische des Windes, die Wärme der Sonne, die Berge vor mir und das Meer, alles war eins.

Auch nach meiner Rückkehr in das Eigen-Ji-Kloster zog es mich auf die traditionellen Pilgerstraßen. Also machte ich mich nach einiger Zeit auf meine nächste Pilgerschaft zu den Zen-Klöstern Koreas. Hier wurde das Pilgern noch von sehr vielen Mönchen gepflegt.

Das Pilgern mit Ausdauer und Demut lehrt, dass einen der Weg trägt und nährt.

DER WIND IST MEIN ATEM, DIE SONNE MEIN HERZ,
DIE BERGE UND DAS MEER SIND MEIN LEIB". SO BESCHREIBT EIN
ZEN-GEDICHT DIE EINHEIT MIT DER NATUR, AUS DER WIR
KOMMEN UND IN DIE WIR WIEDER EINGEHEN.

Es war Sitte, dass man als Mönch in jedem Kloster, bei dem man um Aufnahme bat, drei Tage lang versorgt wurde. Mein Pilgerweg in Korea begann im Zen-Kloster Son Kwang Sa. Ich blieb drei Tage dort, nahm teil am Klosteralltag, den Meditationseinheiten, den Sutra-Rezitationen und den Arbeiten. Dann ergab es sich, dass ich mit einigen koreanischen Mönchen zum Haein-Sa-Kloster weiterzog. Dort in einem der drei größten buddhistischen Klöster des Landes konnte ich ebenfalls mit den Mönchen leben, die mich sehr freundlich und interessiert aufnahmen. Die riesige Klosteranlage war über einen ganzen Berg verteilt, mit besonderen Bereichen für das Studium der buddhistischen Schriften und Bereichen zum Üben der Zen-Meditation. Die Mönche nahmen mich auch einmal mit zu einem Zen-Meister, der alleine lebte und nur einigen Schülern Unterweisungen gab. Auf seinem geschorenen Kopf trug er die Brandmale von Räucherstäbchen, ein Zeichen seiner Entschlossenheit bei seiner Mönchsweise. Freundlich reichte er uns in feine Scheiben geschnittenen gekühlten Ginseng, den wir in Honig tauchten.

Wunderbare Begegnung

Auf dem Weg zum Kloster Pulguksa im Süden Südkoreas traf ich einen Mönch, der mich sehr beeindruckte. Dies entstand nicht durch irgendetwas Besonderes, was er tat, sondern mehr durch das, was er nicht tat. Sein einfaches Sein, seine stille Gelassenheit, seine „So-Heit" faszinierten mich sehr. Er war so im Jetzt, so wach und erleuchtet, während ich immer noch ins Tun verstrickt war. Stundenlang konnte er beispielsweise auf einer Bank sitzen, einen Baum betrachten und in der Schau über Stunden eins werden mit dem Baum, während ich in derselben Zeit die Zen-Flöte spielte, Sutren las und meditierte. Wir lebten in dieser Zeit in einem Kloster mit 300 Nonnen, die sich auf das Studium der Sutren spezialisiert hatten.

DIE ERKENNTNIS: **1.**

JEDER SCHRITT IST DAS ZIEL

IM CHRISTENTUM HEISST ES „EINSSEIN IM HEILIGEN GEIST".
IM ZEN VERKÖRPERT DER HEILIGE GEIST
EINEN GEIST, DER VOLLKOMMEN LEER UND
ABSICHTSLOS IST UND DADURCH EINS MIT ALLEM IST.

Der Weg zu tun ist zu sein

Das Pilgern war seit Beginn meiner inneren Reise immer eine wichtige Übung, um mich alleine voller Vertrauen dem Weg zu geben. Sei es bei meinem ersten Pilgerweg im Voralpenland, später in Israel und auf dem Jakobsweg, wie auch auf meiner großen Pilgerreise nach Japan sowie den Pilgerstraßen des Fernen Ostens – immer hatte ich dabei erfahren, dass ich, sobald ich mich auf den Weg machte, auch versorgt wurde. Dieses Gefühl des Aufgehobenseins, wo immer ich auch war, ließen in mir auch im Alltag mein Vertrauen und meinen Glauben wachsen.

Glaube, der erfahrbar ist

Glauben erwächst für mich durch das Gehen des Weges – im Innen wie im Außen. Der Buddhismus und die in ihm verankerte Praxis der Meditation, des Bettelns und Pilgerns sind Methoden, den Glauben zu erfahren. Durch die Praxis und die Innenschau erlangt man Einsicht in die Strukturen und die Zusammenhänge in sich selbst und in der Welt und erkennt die Energie, die alles durchdringt und alles ist. Das Wissen über Ursache, Verbindung und ihre Wirkung, lässt mich von innen heraus in rechter Weise leben und in Dankbarkeit und Glauben jeden Tag neu beginnen. Die Natur lehrt mich ständig, dass sich alles in wiederkehrenden Zyklen bewegt, dass alles entsteht, wächst, vergeht und wiederkehrt. Alles ist mit allem verbunden. Eins entsteht aus dem anderen, und im Grunde ist alles die immer gleiche eine Energie im Wandel. Dies können wir in der Natur

erkennen, die sich unentwegt verändert und doch die gleiche Natur ist. Nach jedem
Winter kommt ein neuer Frühling, so wie es auch nach jedem Schicksalsschlag und nach
jeder Katastrophe wieder weitergeht und es einen neuen Anfang gibt. Dieses Wissen
schenkt Glauben und Vertrauen. Dazu ist es notwendig, sich vergessen zu können, leer
zu werden und so die wirklichen Zusammenhänge zu erkennen und die alles durchdringende eine Energie wahrzunehmen.

Durch das lange Gehen und das Sich-in-den-Weg-Hineingeben gelang es mir immer
besser, mich meinem Schicksal im Jetzt hinzugeben, ob es nun regnete oder die Sonne
schien, ob ich in einem Bett schlief oder unter einer Brücke. Es galt einfach, immer
wieder den Moment zu ergreifen und einfach nur das zu tun, was man in diesem
Moment tun konnte: aus vollem Herzen einen Fuß vor den anderen zu setzen, auf dem
Boden der Realität zu bleiben und so – ähnlich wie in einer Zen-Meditation – innerlich
immer leerer zu werden und in der Wirklichkeit des Moments anzukommen. Dies kann
einem kein Zen-Meister und kein anderer Mensch geben.

88 Tempel verbinden den mehr als tausend Kilometer langen Pilgerweg um die Insel Shikoku.

KINHIN-GEHMEDITATION

In der Stille der Zazen-Übung sammeln wir uns in unserer Mitte im Sitzen. Im Kinhin, der Geh-Meditation, versuchen wir die innere Sammlung im Geiste in der Bewegung zu halten und zu vertiefen. Jeder einzelne Schritt ist die Übung. Die Konzentration liegt dabei ganz auf den Fußsohlen. Ideal ist diese Übung für die Umsetzung von Zen im Alltag. Im Zen würde man sagen: „Nur ein Schritt." Es gibt dabei verschiedene Möglichkeiten des achtsamen Gehens.

Handhaltung

- Für die Zen-Gehmeditation bedecken Sie Ihre rechte innere Hand mit der linken Hand, wobei die Daumen verschränkt sind. Legen Sie Ihre Hände vor den Solarplexus und gehen in normaler Geschwindigkeit.
- Bei der burmesischen Gehmeditation hängen die Arme locker an der Seite nach unten, und Sie gehen in einer sehr langsamen und stetigen Bewegung.

Atemtechniken

- Üben Sie zunächst im Rhythmus Ihrer natürlichen Atmung. Später können Sie Ihren Atem mit den einzelnen Schritten koordinieren und Gehen und Atmen verbinden.
- Beim langsamen Gehen atmen Sie auf dem linken Schritt ein und auf dem rechten Schritt wieder aus.
- Beim schnelleren Gehen können Sie die Atmung mit der Geschwindigkeit des Gehens verbinden. Gehen Sie auch beim schnelleren Gehen ruhig Schritt für Schritt.

Bewusstsein

- Wichtig ist immer, die Achtsamkeit und Konzentration auf die Fußsohlen zu sammeln. Im schnellen Gehen ist die Konzentration auf jeden einzelnen Schritt gerichtet.
- Im langsamen Gehen kann man sich mehr auf den Ablauf der Schritte sammeln, das heißt auf das Anheben, Nach-vorne-Bewegen und Absenken eines Fußes.
- Kommen Sie immer wieder zurück auf den Boden unter Ihren Füßen, achten Sie auf Ihre Fußsohlen, immer wieder jetzt.

Versuchen Sie täglich 10 bis 20 Minuten Gehmeditation im Freien oder in Haus oder Wohnung zu üben. Nutzen Sie dazu alltägliche Situationen wie den Weg zum Auto, zum Bus oder Zug, zur Haustür, zur Toilette oder Bürokantine. Genießen Sie das Gehen und erleben Sie wach den Weg, er ist bereits das Ziel.

DIENER UND BRÜCKENBAUER

Zurück in den Westen kehrte ich für zwei Monate, nun als buddhistischer Mönch im Dienste meines Zen-Meisters Yamada Bunryo Roshi. Für ihn übersetzte ich, fuhr ihn von Ort zu Ort und kümmerte mich Tag für Tag um sein Wohl. Auf dieser Reise tat ich meine ersten Schritte als Brückenbauer zwischen den Kontinenten und Kulturen.

ÜBUNG IN SELBSTLOSIGKEIT UND FÜRSORGE

Nachdem ich nun bereits einige Zeit Mönch war, nahm mich mein Shishō, Zen-Meister Yamada Bunryo Roshi, mit auf Reisen als sein Inji. So bezeichnet man im Zen den persönlichen Diener eines Meisters. Im Kloster ist er beispielsweise zuständig für alle Belange, die den Abt betreffen, bei uns in etwa vergleichbar mit einem persönlichen Assistenten. Im Zen entspricht diese Verbindung dem engsten Meister-Schüler-Verhältnis: Ein Inji ist im besten Fall so selbstlos und fürsorglich, dass er eins wird mit dem Meister. Er spürt sehr genau, was dieser in einem Moment braucht und wie er den Weg für seinen Meister optimal gestalten und bereiten kann.

Wiedersehen mit meiner Wegbereiterin

Wir besuchten zusammen verschiedene Zen-Zentren in Europa. Zum ersten Sesshin fuhr ich mit meinem Meister in das Zentrum meiner ersten Zen-Lehrerin Hildegund Graubner. Hier übersetzte ich seine Lehrreden für die Zen-Schüler, half bei der Strukturierung der Zen-Abläufe im Zentrum, kümmerte mich um meinen Meister und übersetzte bei seinen Privataudienzen sowie die Koan-Arbeiten. Mit langem Haar und Bart war ich, trotz der Bedenken meiner Zen-Lehrerin, über Land auf die Reise nach Japan gegangen. Nun kam ich kahl geschoren und in Zen-Mönchskutte wieder zurück in ihr Zentrum, und sie strahlte, als sie mich sah.

Die Übermittlung des Zen erlernen

Früher war ich nur ein Teilnehmer von Zen-Kursen gewesen und hatte wenig Ahnung von der Praxis und den Abläufen bei der Zen-Schulung. Nun durfte ich durch die enge Verbindung mit dem Meister in besonderer Weise die Art der Zen-Übermittlung erfahren und erlernen. Ich übersetzte seine Lehrreden, was mit vielen Unbekannten verbunden war: Ich konnte zwar inzwischen einigermaßen gut Japanisch, aber mein Wissen von den Begriffen, die manche Zen-Meister vor tausend Jahren in ihren Gedichten benutzten, war damals noch nicht wirklich ausgeprägt. So half ich mir mit altjapanischen Wörterbüchern und vielem Nachfragen bei den Lehrreden. Auch versuchte ich, soweit es mir gelang, die Stimmung und das Gefühl der jeweiligen Lehrrede zu vermitteln. Manchmal war diese nur sehr kurz. Eines Abends saßen die Schüler im Meditationsraum und hielten Bleistift und Papier bereit. Der Zen-Meister setzte zur Rede an und sagte dann nur: „Das Wichtigste im

Im Gehen spüren wir die Einheit der Natur, aus der wir kommen und in die wir wieder eingehen.

Leben ist: essen, schlafen und sich entleeren." Damit war die Lehrrede beendet. Von München aus fuhren wir dann in den Schwarzwald nach Rütte in das Zentrum, das von Graf Dürckheim gegründet worden war und der zusammen mit Yasans Vater den Rinzai-Zen nach Europa gebracht hatte. Weiter ging es anschließend nach Köln, in das Meister-Eckhart-Haus, und später über die Schweiz nach Frankreich. Hier versuchte ich, das Japanische ins Französische zu übersetzen – eine besondere Herausforderung. Zum Glück liegt die Essenz des Zen jenseits von Worten. Das Zentrum befand sich bei Avignon, in Mirmande, in einem jahrhundertealten Haus. Ich war dafür zuständig, die Wartenden vor dem Zimmer des Meisters einzuteilen und eintreten zu lassen. Alle mussten am Boden knien und so längere Zeit und unter Schmerzen warten. Endlich durften sie eintreten und ihren Koan beantworten. Manche versuchten es mit Erklärungen, die den Meister gar nicht interessierten. Andere versuchten es mit Gesten, die manchmal der Antwort näher kamen. Doch oft wurden die Antworten nur mit einem Klingelzeichen kommentiert, das die Aufforderung zum Gehen war.

Ein Zen-Mönch auf dem Jakobsweg

Nach der Arbeit in den Zen-Zentren und der Rückkehr meines Zen-Meisters nach Japan entschloss ich mich, den Jakobsweg zu gehen, und machte mich von der französischen Grenze aus nach Santiago de Compostela. Ich schlief in Strohhaufen auf Feldern, in verlassenen Häusern oder auch einmal unter einer Brücke. Im Frühjahr 1988 waren hier kaum Pilger unterwegs. Ich genoss es, alleine in gotischen Kirchen auf meiner Zen-Flöte zu spielen und ihrem Hall in den hohen Bauten zu lauschen. In der Nähe der Stadt Burgos kam ich zum Kloster Samos. Ich pochte gegen die Tür. Ein Mönch ließ mich ein, lachte mich an, wollte gleich meinen Hut aufprobieren und lud mich ein, am Klosteralltag teilzunehmen, den Messen und Mahlzeiten. Weiter führte mich mein Weg nach Santiago de Compostela über uralte Pflaster und gewundene Bergpfade. Obwohl ich als buddhistischer Mönch auf einem katholischen Pilgerweg unterwegs war, begegneten mir die Geistlichen und die Menschen des Landes mit Offenheit und gaben immer wieder großzügige Almosen.

VERSCHIEDENE WEGE ZUM GLÜCK

DIE 2. ERKENNTNIS:

BEGEGNE ICH DEN MENSCHEN MIT EINEM OFFENEN
HERZEN, KANN ICH VON JEDEM LERNEN.
BIN ICH EINSEITIG ODER ABLEHNEND, VERSCHLIESSE
ICH MIR DIE MÖGLICHKEIT, ZU ERKENNEN UND ZU WACHSEN.

Von Licht und Schatten

Am zweiten Tag im Kloster Samos begegnete ich dem Abt des Klosters. In gebroche-nem Spanisch sagte ich: „Die Religionen sind gleich. Sie sind wie ein Berg, auf diesen Berg gibt es verschiedene Wege nach oben. Doch der Gipfel ist der immer derselbe." Daraufhin blickte er mich, der ich in meiner buddhistischen Kutte vor ihm stand, leicht irritiert an und entgegnete: „Aber du gehst im Schatten." Da lachte ich ihn an, nahm seine Hand und erwiderte: „Dafür schwitzen Sie aber mehr." Beide brachen wir in Gelächter aus, und er zeigte mir daraufhin die Klosterbibliothek, die auch viele Schrif-ten und Bücher aus dem fernöstlichen Kulturkreis barg. Heute ist diese Verbindung gar nicht mehr so selten. Mir begegnen immer mehr Mönche und Priester, die fernöstliche Meditation für ihre spirituelle Praxis nutzen und weitergeben.

Das Herz der Herz-Sutra

Mein Meister Yamada Bunryo Roshi hielt oft Lehrreden über die „Hanya Shin Gyo", die Herz-Sutra. Sie beinhaltet die Essenz des Zen und des nördlichen Buddhismus. Er sprach dabei immer von den drei Herzen. Diese stehen für: „Nicht einseitig sein, nicht voreingenommen sein, nicht anhaften."
Wenn ich zu einseitig und davon überzeugt bin, dass nur mein Weg der einzig rich-tige ist, baue ich mir ein Hindernis auf, durch welches ich die andere Seite nicht mehr

sehen kann. Dadurch gerate ich in ein Ungleichgewicht. Es kann dann sein, dass ich nur das Sichtbare als Wahrheit anerkenne oder ganz im Gegenteil nur das Spirituelle, Innere. Auch kann diese Einseitigkeit leicht zu Fanatismus in der Haltung sich selbst und anderen gegenüber führen.

Nicht voreingenommen zu sein, bedeutet offen zu sein für alles, was auf einen zukommt. Sei es im Alltag in Form einer Begegnung mit anderen Menschen, sei es im Gespräch in Form einer anderen Meinung oder im eigenen Geist in Form einer Möglichkeit, Neues erfahren und lernen zu wollen. Diese Haltung spiegelte sich beispielsweise im Lachen des Abtes vom Kloster Samos nach unserem Gespräch.

Nicht anhaften heißt, ein Herz zu besitzen wie einen leeren Spiegel. Er spiegelt nur in dem Moment etwas voll und ganz wider, in dem sich auch etwas tatsächlich vor ihm befindet. Verschwindet es, ist der Spiegel wieder ganz leer. Sobald ich also lerne, mich voll und ganz einzulassen auf das, was hier ist, es ergreife und dann auch wieder loslasse, kann ich wirklich im Moment leben und diesen mit ganzem Herzen erfüllen. Wenn er dann vergeht, versuche ich nicht, ihn festzuhalten, sondern lasse ihn auch wirklich los. So bin ich offen für das nächste, was kommt, und leide nicht zu sehr unter seinem Verlust.

Ein Spiegel zeigt immer nur das, was gerade vor ihm ist.

MEDITATION IM STEHEN

Diese Meditationshaltung im Stehen ist eine andere Form der Versenkung, um sich im Alltag nach innen zu wenden und sich zu sammeln. Immer wieder blieb ich auf meinem Weg stehen und versuchte meinen Geist zu leeren, um mich dann dem, was sich vor meinen Augen eröffnete, hinzugeben.

Die Meditation im Stehen ist ideal für kleinere Einheiten der inneren Sammlung im Alltag. Sie können sie in einer kurzen Pause einnehmen, um sich wieder mit Ihrer Mitte, Ihrem Ursprung, zu verbinden. Auch für die Dankbarkeitsmeditation von Seite 20, die Naturmeditation von Seite 25 oder die Alltagsmeditation Kochen von Seite 94 können Sie sich vorher in dieser Grundhaltung sammeln.

Basisstand

- Stellen Sie Ihre Füße nebeneinander. Den linken Fuß stellen Sie schulterbreit nach außen. Die Zehenspitzen zeigen leicht nach außen (Yin-Stand). Nehmen Sie sich als Ganzes wahr, lassen Sie Verspannungen los und beugen Sie leicht die Knie.
- Richten Sie Ihre Aufmerksamkeit auf Ihre Fußsohlen und nehmen den Kontakt zum Boden wahr. Verteilen Sie Ihr Gewicht gleichmäßig: Rechter und linker Fuß, Vorderfüße und Fersen, Innen- und Außenseiten sollten gleich belastet sein.
- Lassen Sie Ihr Gesäß nach unten absinken, so als wollten Sie sich hinsetzen. Dabei sollte der Lenden- und Kreuzbereich locker sein. Gehen Sie nicht ins Hohlkreuz. Das so ausgerichtete Becken lässt Ihre Wirbelsäule gerade aufsteigen.
- Die Brustwirbelsäule folgt der natürlichen Aufrichtung. Die Schultergelenke und die Schultermuskulatur sind entspannt, die Achselhöhlen sind etwas geöffnet.
- Ihre Hände liegen übereinander auf dem Unterbauch (Hara) auf. Bei Männern liegt die rechte Hand über der linken, bei Frauen die linke auf der rechten.
- Strecken Sie den Scheitel nach oben. Dadurch richtet sich die Halswirbelsäule auf, und Ihre Bandscheiben werden entlastet. Ihr Kinn zeigt so leicht nach unten und hinten.
- Öffnen Sie Ihre Augen einen Spaltbreit. Ihr Blick ist nach innen gerichtet. Ihr Mund ist geschlossen, die Zunge liegt locker hinter den oberen Schneidezähnen.
- Atmen Sie immer durch die Nase ein und aus. Versuchen Sie, ganz natürlich zu atmen.
- Lassen Sie den Atem in Ihren Unterbauch einströmen, der sich dadurch hebt. Dann lassen Sie den Ausatem wieder natürlich ausströmen.
- Richten Sie Ihre Sammlung, Ihr Bewusstsein auf die Bewegung Ihres Bauchbeckenraumes und das Heben und Senken des Unterbauchs durch die Atembewegung. Lassen Sie mit jedem Ausatem ein Stück mehr los. Lassen Sie sich in Ihrer Mitte nieder und werden eins mit Ihrem Atem. Stehen Sie tief verbunden mit der Erde und offen zum Himmel. Ihre Sammlung ist bleibt in Ihrer Mitte.

Üben Sie zu Beginn drei bis fünf Minuten, später können Sie die Übungszeit auch auf zehn Minuten oder länger ausdehnen.

ZEN UND HEILEN

ZU DEN WURZELN DES ZEN

Einige Zeit nach meiner Rückkehr ins Eigen-Ji-Kloster, wo ich mich wieder in die stille Zen-Praxis vertiefte, machte ich mich auf nach China zu den alten Stätten der großen chinesischen Zen-Meister. Oft war es schwer, bis zum Abt eines Klosters zu gelangen. Es geschah häufig, dass völlig unvermittelt ein Parteifunktionär das Gespräch übernahm.

ALS MÖNCH IN CHINA

Im Herbst 1988 ging ich nach China. Ich wollte das Gründungskloster des Zen, das Shaolin-Kloster besuchen, wo einst der Bodhidharma den Zen begründet hatte. In meinem japanischen Mönchsgewand zog ich also in Richtung des Songshan-Gebirges, wo das Kloster in einem Tal liegt. Es gelang mir – was gar nicht so einfach war –, Einlass zu finden und hier nun tagtäglich mit den Mönchen zu meditieren, die morgendlichen Sutren zu rezitieren und gemeinsam zu essen.
Regelmäßig wurde ich von Polizisten, die das Kloster kontrollierten, fortgeschickt. In dieser Zeit war es einem Ausländer fast unmöglich, als Mönch in einem chinesischen Kloster aufgenommen zu werden. Auch mein Antrag in einem Kloster in Shanghai wurde abgewiesen. Hier in Shaolin nahmen mich Polizisten sogar einmal auf eine Wache mit und legten mir nahe, dass ich das Kloster verlassen sollte. Ich ließ mich jedoch nicht beirren und ging unverdrossen wieder zurück.

In der Höhle des Bodhidharma

Als ich eines Tages im Essraum auf einer der alten Holzbänke saß und meinen Maisbrei verzehrte, nahm plötzlich eine ältere Nonne neben mir Platz. Ich freute mich, denn sie besaß ein besonderes inneres Strahlen. Auf Chinesisch schrieb sie mir einen Brief, den sie mir anschließend überreichte. Er lautet übersetzt:

> VERZEIH MIR, DASS WIR UNS NICHT GUT UM DICH KÜMMERN.
> MEIN MÖNCHSFREUND, DEIN KARMA FÜHRTE DICH
> BEREITS IN VERGANGENEN ZEITEN HIERHER. BUDDHAS SAMEN
> WURDE IN DIR GESÄT. GANZ GLEICH, WIE WEIT DU FORTGEHST.
> DEIN KARMA IST IMMER VERBUNDEN MIT DIESEM TEMPEL.

Oberhalb des Klosters in den Bergen befand sich die Höhle des Bodhidharma. Hier hatte der Gründer des Zen einst neun Jahre lang meditiert, ohne ein Wort zu unterrichten. Im Morgengrauen ging ich alleine vom Kloster dort hinauf. Oben angekommen, blickte ich von diesem Platz weit über das Tal bis zum Kloster. Ich setzte mich in die Zen-Haltung nieder und begann zu meditieren. In der Versenkung erschien mir plötzlich vor meinem inneren Auge meine erste Zen-Lehrerin Hildegund Graubner. Sie lag schwer erkrankt im Krankenhaus, und ich sah, wie sie dort plötzlich starb. Das machte mich sehr traurig, doch wusste ich noch nicht, ob dies auch wirklich geschehen war. Als ich einige Zeit spä-

Das Ursprungskloster des Shaolin-Ordens liegt am Berg Songshan im Herzen Chinas.

ter erfuhr, dass sie tatsächlich an diesem Tag gestorben war, durchzuckte mich die Erkenntnis über die tiefe karmische Bedeutung unserer Begegnung. Meine Lehrerin war genau an jenem Tag von uns gegangen, an dem ich die Höhle des Bodhidharma, den Ursprung des Zen, erreicht hatte.

An den Quellen des Zen

Wieder zurück in Japan, beschloss ich, mit Yasan erneut nach China zu gehen, um die ursprünglichen Stätten des Zen zu besuchen und anschließend gemeinsam die Traditionelle Chinesische Medizin (TCM) zu studieren – ganz im Sinne einer alten Sutra: „Ein guter Mönch muss auch ein guter Heiler sein."
Von Peking aus legten wir mit dem Zug weite Strecken zu den Orten zurück, an denen die großen Zen-Meister einst lebten und lehrten. Zu der Zeit, als wir unterwegs waren, lebten in den Klöstern nur mehr sehr betagte oder sehr junge Mönche – eine der tragischen Folgen der Kulturrevolution, die die Generation dazwischen dahinge-rafft hatte. Manchmal gestaltete es sich sehr schwierig, Zugang zu den Tempeln und Klöstern zu finden. Trotzdem gelang es uns immer wieder, chinesische Meister oder Mönche der Zen-Tradition zu treffen und gemeinsam Zen zu praktizieren.

Rinzai und Jōshū

Wir pilgerten zum Linji-Kloster in Hebei, in dem Linji (japanisch: Rinzai) im neunten Jahrhundert den Rinzai-Zen begründet hatte, dem auch das Eigen-Ji-Kloster ange-hört. Wir boten den chinesischen Mönchen ein recht ungewöhnliches Bild: Fern der Großstädte in teilweise entlegene Regionen des Landes zogen wir, ein japanischer und ein deutscher Zen-Mönch, zu den Stätten der alten Zen-Meister. Meist stellte ich den Erstkontakt auf Chinesisch her. Sobald wir uns jedoch mehr in die Zen-Thematik vertieften, übernahm Yasan schriftlich die Konversation, da er des Altjapanischen (Kanbun) mächtig ist, das in Schrift und Bedeutung der chinesischen Sprache relativ ähnlich ist. Weiter machten wir uns auf den Weg zum Tempel des Zen-Meisters Zhaozhou (japanisch: Jōshū, 778 – 897) in Hebei. Dazu liehen wir uns am Bahnhof Fahrräder aus und radelten los. Schon aus der Ferne erkannten wir die große Pagode des Tempels. Endlich vor Ort angekommen, wurden wir erst einmal enttäuscht: Wir standen vor einer hohen Mauer – und verschlossenen Toren. Trotzdem versuchte jeder von uns, irgendwie hineinzukommen. Als ich gerade mühsam über die Mauer geklettert war, öffnete Yasan einfach die Seitentür und spazierte hinein.

Im Inneren fanden wir den zerstörten Tempel vor. Die Pagode stand schief inmitten der Trümmer. Als wir uns einen Weg durch die große Klosteranlage bahnten, trafen wir in einem kleinen Gebäude einen jungen Mönch, der dort Kalligrafie (japanisch: Sho-Do, siehe Seite 88) schrieb. Er lud uns ein, uns zu setzen, und reichte uns eine Tasse Tee. Auf ein großes Blatt Papier schrieb er den Zen-Ausspruch „Mu Shin" – „Leeres Herz" und bat dann Yasan, auch etwas zu Papier zu bringen. Dieser entsann sich des Meisters des Klosters Joshu und schrieb „Ki Sa Ko": „Nur eine Tasse Tee" (siehe Seite 54). So tranken wir den Tee und gingen wieder.

Heilen lernen

Wieder zurück in Peking, widmeten wir uns ganz der TCM. Wir lernten die ganzheitliche Diagnose und die Behandlung mit Akupunktur, chinesischen Heilkräutern und Tuina-Massagetechniken sowie QiGong, chinesische Energie-Übungen mit Bewegung, Atmung und Bewusstseinsführung. Beim Ersten Internationalen Medizinischen QiGong-Kongress lernte ich Meister Takashi Tsumura aus Japan kennen. Er begleitet mich heute noch und unterrichtete erst 2011 wieder im ZenHaus Medizinisches QiGong, wie man durch die Sammlungskraft von Energie (Qi) und Geist körperliche und geistige Gesundheit fördern und Krankheiten heilen kann.

In der Höhle in den Songshan-Bergen meditierte der Bodhidharma neun Jahre lang.

DIE KRÄFTE VON HIMMEL UND ERDE SAMMELN

DIE ERKENNTNIS: 1.

DURCH DIE INNERE ÜBUNG KÖNNEN WIR
EINGEHEN IN DIE LEERE DES HIMMELS UND GEWINNEN
EINSICHT ÜBER ZUSAMMENHÄNGE UND MÖGLICHKEITEN
IN UNSEREM LEBEN. SO LERNEN WIR, VOLLER VERTRAUEN
IM LEBEN ZU STEHEN. DER WEG NACH INNEN FINDET
IN DER WELT STATT – IN JEDEM MOMENT, IN ALL UNSEREM TUN.

Sich mit der Energie verbinden

Stellen Sie sich einen großen, mächtigen Berggipfel vor, der hoch in den Himmel ragt. Oft kann man sich in einem solchen Bild selbst verstrickt in den Tälern des eigenen Lebens sehen und erkennt nur seine scheinbaren Wichtigkeiten, vielleicht auch seinen Kummer über Vergangenes oder Sorgen und Ängste über Zukünftiges. Doch nun begeben Sie sich im Geiste auf Ihren Weg zum Gipfel, wohin, wie Sie wissen, viele Wege führen. Je weiter Sie nach oben steigen, umso mehr Abstand gewinnen Sie zum Tal und können sich jetzt in Ihren Ich-Verstrickungen erkennen. Sobald Sie den Gipfel erreicht haben, sehen Sie manche Zusammenhänge in Ihrem Leben noch klarer. Auch neue Möglichkeiten tun sich aus dieser Perspektive auf. Von hier aus gehen Sie noch einen Schritt weiter – und damit ein in die unendliche Einheit des Himmels, im Taoismus „Tien Qi". Hier können Sie die durchdringende, eine Energie (Qi) wahrnehmen, die selbst alles ist und aus ihr im Hier und Jetzt leben.

Vom achtsamen Umgang mit der eigenen Gesundheit

Diese Energie ist in und um uns herum. Sie ist die alles durchdringende Energie, aus der alles ist, auch unsere Gedanken und Gefühle. Wichtig ist es deshalb, gut mit ihr umzugehen und sich achtsam um, wie es im Buddhismus heißt, das eigene „Gefährt"

– den eigenen Körper – zu kümmern. Denn sobald man getrennt ist von dieser Kraft, wenn sie schwach ist oder sich durch eine Blockade staut, entsteht Krankheit, im Körper wie im Geist. Eine Ursache für Störungen des Qi sind aus Sicht der chinesischen Medizin innere Faktoren, wie ein Zuviel oder Zuwenig eines bestimmten Gefühls. Bei großem Ärger oder aufgestauter Wut beginnt man dann sprichwörtlich Gift und Galle zu spucken. Bei Trauer und unterdrücktem Kummer leidet die Lunge. Durch ständiges Sorgen und Grübeln wird das Verdauungssystem geschwächt, eines unserer wichtigsten Energiezentren, um aus der Nahrung und Flüssigkeit Energie und Körpersäfte zu gewinnen. Ein Zuviel an Angst, die uns in mancher Lebenssituation durchaus vor Schlimmem bewahren kann, schwächt das Energiesystem der Nieren. Aber auch äußere Faktoren wie ein Zuviel von Wind, Hitze, Feuchtigkeit, Trockenheit oder Kälte können unser Qi negativ beeinflussen und damit zu Beschwerden führen.

Die sanften Bewegungen des QiGong haben auf Gesunde wie auf Kranke eine tief harmonisierende Wirkung.

Die rechte Geisteshaltung entwickeln

Um das Qi zu sammeln und zum Fließen zu bringen, gilt es, sich mit seiner Mitte (Hara) und der Ursprungsenergie, dem „Yuan Qi" in sich selbst, rückzuverbinden. Erst muss man in seine Mitte kommen, um so zu lernen, aus seiner Mitte heraus zu leben.

IST DER GEIST KLAR UND LEER, FLIESST DAS QI
FREI UND UNGEHINDERT

Traditionell gelten QiGong-Übungen als Methode zur Lenkung der Energie (Qi). In dem Prinzip der Rückverbindung mit sich und seiner Mitte sind sich das Üben im Zen und das QiGong sehr ähnlich. Bei QiGong handelt es sich um eine Vielzahl an Übungen, von denen einige schon vor 5000 Jahren entwickelt wurden. Anfangs ahmte man einfach den Bewegungsablauf von Tieren nach, um sich die Energie und die Kraft der Tiere zunutze zu machen. Auch nutzte man schon sehr früh Laute und Silben.

Die drei Wege des QiGong

Zur Sammlung der Energie gibt es im QiGong drei Wege. Der erste besteht in der Bewegung. Man spricht dabei vom „Dao Yin"-Aspekt. Durch Bewegung kann man die Energiebahnen in unserem Körper dehnen und so das Qi zum Fließen bringen.
Der zweite Weg des QiGong ist die Atmung. Wie im Zen nutzt man den Rhythmus des Ein- und Ausatmens wie ein Gefährt, um sich mit seiner Mitte (Hara) und dem Ursprung in sich selbst zu verbinden. Mit zunehmender Übung kann man die Atmung aus der Mitte auch in die Bewegung bringen und mit ihr das Qi im Körper lenken.
Als Drittes nutzt man die Sammlungskraft des Geistes, um die Qi-Energie zu bündeln und zu lenken. Wenn Sie versuchen, sich auf Ihren Atem oder auf die Bewegung zu sammeln, werden Sie schnell erkennen, das dies gar nicht so einfach ist. Zu Anfang ist es wichtig, sich rückzuverbinden mit der ursprünglichen Energie in unserer Mitte. Dann lernen Sie, sich mit der Energie von Himmel und Erde zu verbinden und das Geistige und Irdische in Ihnen zu einer Einheit zu verbinden, um aus der Energie von Himmel und Erde zu leben und sie durch sich wirken zu lassen. Moment für Moment.

HIMMEL UND ERDE

Bei dieser QiGong-Übung lernen Sie, sich mit Himmel und Erde zu verbinden. Ihr Geist sollte dabei wie bei einer Meditation in Ruhe sein. Verweilen Sie beim Üben ganz im Moment und konzentrieren Sie sich auf Ihren natürlichen Atemrhythmus. Die Bewegungsabläufe beim QiGong sind fließend, weich und langsam. Sie können mit dieser Übung lernen, leer zu werden und sich mit Himmel und Erde zu verbinden und ihre Energien in sich zu speichern.

1. Basisstand

- Stellen Sie Ihre Füße nebeneinander. Ihr Gewicht liegt auf Ihrem rechten Fuß. Den linken Fuß stellen Sie jetzt schulterbreit nach außen. Die Zehen sind leicht nach außen gedreht (Yin-Stand) und das Gewicht liegt auf den Füßen. Beugen Sie leicht Ihre Knie.
- Verteilen Sie Ihr Gewicht gleichmäßig: Rechter und linker Fuß, Vorderfüße und Fersen, Innen- und Außenseiten sollten gleich stark belastet sein. Öffnen Sie sich durch Ihre Fußsohlen hin zur Erde und verbinden Sie sich mit ihr.
- Lassen Sie Ihr Gesäß nach unten absinken, so als wollten Sie sich hinsetzen. Gehen Sie nicht ins Hohlkreuz. Ihre Wirbelsäule steigt gerade aus dem Becken auf. Der Rücken und die Schultern sind entspannt, die Achselhöhlen etwas geöffnet.
- Ihre Hände legen Sie übereinander auf dem Unterbauch im Hara auf. Bei Männern liegt die rechte Hand über der linken, bei Frauen die linke über ihrer rechten.
- Strecken Sie den Scheitel zum Himmel und öffnen sich dem Himmel. Ihre Augen sind nicht ganz geschlossen, Ihr Blick ist nach innen gerichtet.
- Versuchen Sie, den Atem natürlich fließen zu lassen und nehmen Sie ihn im Unterbauch wahr.

2. Die Energie der Erde aufnehmen

- Drehen Sie Ihre Handflächen vor dem Unterbauch nach unten. Ihre Finger sind nach unten geneigt. Stellen Sie sich vor, dass sie bis tief in die Erde reichen.
- Bewegen Sie dann Ihre Hände langsam aufwärts und nehmen Sie dabei die Energie der Erde in sich auf. Heben Sie Ihre Hände nicht über die Schultern hinaus an. Heben Sie Ihre Fingerspitzen während des gesamten Bewegungsablaufs langsam an und drehen Sie dabei leicht Ihr Handgelenk nach unten.
- Dann senken Sie die Hände wieder ab. Dabei zeigen die Handflächen gerade zum Boden, und Ihre Fingerspitzen weisen nach vorne.
- Befinden sich die Handflächen wieder in Höhe des Unterbauchs, neigen sich die Fingerspitzen wieder etwas nach unten. Lassen Sie die Fingerspitzen in Ihrer Vorstellung bis in die Erde reichen. Wiederholen Sie die Übung fünfmal hintereinander. Im Anheben nehmen Sie die Energie der Erde auf und holen sie in Ihren Körper. Im Absenken der Hände speichern Sie diese in Ihrer Mitte.

3. Die Energie des Himmels aufnehmen

- Sie stehen weiter im Basistand.
- Drehen Sie nun Ihre Hände mit den Handflächen nach oben.
- Heben Sie Ihre Hände vor dem Körper parallel bis auf Schulterhöhe an. Richten Sie Ihre Aufmerksamkeit dabei ganz auf die Hände und lassen Sie die Energie des Himmels in der Aufwärtsbewegung in sich einströmen. Ihre Sinne sind ganz auf das Empfangen der Energie des Himmels gerichtet.
- Senken Sie nun die Hände wieder parallel mit den Handflächen nach oben bis auf Höhe des Unterbauchs ab. Nehmen Sie die Energie des Himmels auf und führen Sie sie nach unten in Ihre Mitte.
- Wiederholen Sie die Übung fünfmal.
- Diese Übung hilft Ihnen, sich mit dem Himmel zu verbinden und seine Energie in Ihrer Mitte aufzunehmen.

4. Die Energie von Himmel und Erde aufnehmen

- Stehen Sie weiter im Basisstand.
- Spreizen Sie nun leicht Ihre Armen in einem Abstand von etwa 30 Zentimetern nach außen ab. Ihre Handflächen zeigen dabei zum Körper.
- Sie stehen fest verankert wie eine Kiefer. Ihre Ellenbogen haben eine nach außen und unten gerichtete Kraft. Ihre Schultern sind entspannt.
- In Ihrem Geist lassen Sie zuerst die Energie der Erde über Ihre Fußsohlen in Ihre Mitte (Hara oder Dantren) einfließen.
- Dann lassen Sie die Energie des Himmels über Ihren Scheitel und die Schultern in sich einströmen bis in Ihre Mitte im Unterbauch.
- Versuchen Sie anschließend, die Energien von Himmel und Erde gleichzeitig in Ihren Körper einströmen zu lassen, und sammeln Sie diese in Ihrer Mitte. Dies gelingt Ihnen am besten, wenn Sie innerlich ganz leer werden und sich auf das Spüren der Energie konzentrieren. Werden Sie eins mit Himmel und Erde. Verweilen Sie einige Zeit in dieser Haltung.
- Abschließend legen Sie beide Hände auf Ihren Unterbauch. Die rechte Hand liegt vorne etwas unterhalb des Nabels auf. Ihre linke Hand liegt mit der Handfläche auf dem Rücken, gegenüber dem Nabel.
- Verweilen Sie in Ruhe, konzentrieren Sie sich ganz auf Ihre Mitte und speichern Sie so die Energie des Himmels und der Erde. Am Ende legen Sie Ihre Hände wieder übereinander vor Ihrem Unterbauch.

QUELLE DES HEILWISSENS

In Peking begannen Yasan und ich an der „China Academy of Traditional Chinese Medicine" Traditionelle Chinesische Medizin zu studieren. An die Akademie sind verschiedene Krankenhäuser angeschlossen, in denen wir neben dem Erlernen der medizinischen Zusammenhänge auch Erfahrungen mit der Behandlung von Patienten sammeln durften.

ALS MÖNCH UND STUDENT

Yasan und ich vertieften uns in die Methoden und theoretischen Grundlagen der Traditionellen Chinesischen Medizin, doch besuchten wir neben unserem TCM-Studium in Peking auch regelmäßig einen Tempel, in dem wir mit den Mönchen Zen üben konnten. Das kam uns beim Lernen sehr zugute, da wir uns durch das regelmäßige Leeren unseres Geistes auch über längere Zeitspannen gut auf das Lernen und „Füllen" unseres Verstandes mit teilweise sehr komplizierten und umfangreichen wissenschaftlichen Texten konzentrieren konnten. Tatsächlich schnitten Yasan und ich bei den Examen oft als Beste ab. Für mich war dies eine aufschlussreiche Erfahrung, da mir das Lernen als Kind doch eher schwergefallen war.
Unser Alltag gestaltete sich so, dass wir morgens in der Klinik arbeiteten und uns um unsere Patienten kümmerten. Jeden Nachmittag besuchten wir Vorlesungen bei

verschiedenen Professoren. Wir studierten zusammen mit Ärzten aus Asien, Europa und Amerika, die bisher rein schulmedizinisch gearbeitet hatten, nun aber auch die therapeutischen Möglichkeiten der Traditionellen Chinesischen Medizin in ihre Kliniken und Praxen integrieren wollten. Zu jener Zeit galten Puls- und Zungendiagnose oder die Behandlung mit Akupunkturnadeln sowie Gesundheitsübungen wie QiGong im Westen als eher exotisch.

Ursprünge einer jahrtausendealten Heilkunst

Kein anderes Volk der Welt verfügt über einen so reichen Bestand an alten und neuen schriftlichen Quellen über den medizinischen Gebrauch von Heilmitteln wie das chinesische. Das Wissen der Alten galt dabei nie als überholt. So wurde ihre Heilkunde über die Jahrtausende ständig durch neue Erkenntnisse bereichert und erweitert. Im Zuge unserer Ausbildung erlernten wir die traditionell-ganzheitliche Diagnose, bei der sich der Arzt viel Zeit für seinen Patienten nimmt, die Behandlung mit Akupunktur, chinesischen Heilkräutern sowie Tuina-Massage und Moxa (Wärmetherapie). QiGong war ebenfalls Teil der Ausbildung. Takashi Tsumura machte uns mit dem bekannten Professor Yan Hai, Präsident der „All China QiGong Association" bekannt, von dem Yasan und ich jetzt privat unterrichtet wurden. Gemeinsam fuhren wir einmal zum Wu Tai Shan, einem der wichtigsten heiligen Berge im Buddhismus. Oben angelangt, wies uns Professor Yan Hai ein in die Geheimnisse der QiGong-Form der sechs heilenden Laute. Er hatte über dieses Thema ein Buch geschrieben, um die sehr alte Tradition der heilenden Laute, einen durch die Kulturrevolution fast verloren gegangenen Wissensschatz, für die Neuzeit zu bewahren. Durch ihn lernten wir auf dem heiligen Berg, wie wir das Qi mit Silben und Klängen lenken konnten.

Mit dem QiGong-Meister Professor Yan Hai auf dem heiligen Berg Wu Tai Shan.

DIE ERKENNTNIS:

LERNEN, MIT SEINEN ENERGIEN UMZUGEHEN

DIE TATSACHE, DASS WIR HAUPTSÄCHLICH
AUS ENERGIE BESTEHEN UND NUR ZU EINEM
VERSCHWINDENDEN MASS AUS MATERIE,
IST AUCH IN DEN NATURWISSENSCHAFTEN BELEGT.
IN DER TRADITIONELLEN CHINESISCHEN MEDIZIN
IST DIES BEREITS SEIT JAHRTAUSENDEN BEKANNT.
IHRE HEILMETHODEN DIENEN DAZU,
DIESE ENERGIE AUSZUGLEICHEN,
ZU STÄRKEN UND INS FLIESSEN ZU BRINGEN.

Alte Heiltradition in neuer Zeit

In früheren Zeiten verbanden die Mönche und Priester aus dem östlichen wie dem westlichen Kulturkreis ganz selbstverständlich die Pflege des Geistes mit der des Körpers. Wie ihre Brüder in Asien beschäftigten sich die katholischen Mönche mit Kräuterlehre und anderen Heilmethoden und halfen den Menschen nicht nur, wenn ihnen etwas auf dem Herzen lag, sondern auch, wenn sie krank waren oder Schmerzen hatten. Auch kulturelle Entwicklungen gingen oft aus den Klöstern hervor. Die Traditionelle Chinesische Medizin geht noch einen Schritt weiter. Hier gehen Gesundheitsvorbeugung und Heilung seit jeher Hand in Hand. Im alten China erhielt ein Arzt nur dann sein Honorar, wenn sein Patient gesund war. Er kümmerte sich deshalb auch besonders um die Erhaltung der Gesundheit und ein möglichst langes gesundes Leben seiner Patienten. Trotzdem war auch das Bewusstsein völlig selbstverständlich, dass der menschliche Körper mit der Zeit älter wird und auch krank werden kann und der Mensch eines Tages sterben muss.

Heilmethoden und Gesundheitsvorsorge für ein langes, gesundes Leben

In der Chinesischen Medizin wurden über die Jahrtausende viele Methoden und Verfahren entwickelt, um Erkrankungen zu heilen und zu lindern. Zu den innerlich wirksamen Therapien gehören die Ernährung, die Gabe von Kräutern und meditative Übungen. Zu den äußeren gehören Akupunktur, Akupressur, Moxibustion (Wärmebehandlung), Schröpfen und Massagen. Durch diese Behandlungsweisen wird das Qi, das sich im menschlichen Körper über sogenannte Meridiane verteilt, ins Fließen gebracht und gestärkt. Meridiane sind feinstoffliche Energiebahnen, die unseren ganzen Körper umspannen. Sie sind im Inneren mit den Organen verbunden. Auf der Körperoberfläche sind sie durch Akupunkturpunkte, die man auch als Energietore verstehen kann, erreichbar. Dies sind Stellen, an denen man Zugang findet in das Energiesystem von Leber, Milz, Lunge, Herz oder Nieren. Hier kann man gezielt und je nachdem, um welche Beschwerde oder Schwäche es sich handelt, die Energie ausgleichen und stärken.

Selbstentfaltung und der freie Fluss des Qi

Ein grundlegendes Prinzip der TCM ist, dass sich alles im Fluss und im ständigen Wandel befindet: So kann sich zum Beispiel im Frühling alles frei entfalten, es sprießt, wächst und gedeiht. Dann kommt der Sommer und der weitere Wechsel der Jahreszeiten, wobei jede ihre eigene Qi-Qualität hat. Doch gibt es einige Faktoren, die diesen Fluss und den natürlichen Wandel behindern.

Übertragen kann dies auch bedeuten, dass ein Mensch sich in seinem Leben nicht frei entfalten und entwickeln darf und er stattdessen zu bestimmten Lebens- oder Berufszielen hin er-zogen wird, die vielleicht mit seinen tatsächlichen Fähigkeiten und Neigungen nur wenig zu tun haben. So entstehen bestimmte von Eltern und Erziehern oder auch der Gesellschaft geprägtes Ver-Haltensmuster. Diese Muster verinnerlicht man dann mit der Zeit immer mehr, bis man sie wirklich lebt, sie meint zu sein und sich entsprechend ver-hält. Nur hindert man sich so an seiner Weiterentwicklung und seinem natürlichen Reifeprozess. Aus dem Inneren heraus wird so durch bestimmte Verhaltensweisen die eigene Lebensenergie in ihrem freien Fluss gestört. Daraus können unterschiedlichste Beschwerden und Erkrankungen folgen.

Wie Krankheit entstehen kann

Natürlich können Energieblockaden auch
von außen entstehen, wie etwa durch klima-
tische Ursachen (siehe Seite 123), durch eine
Verletzung oder einen Unfall. Blockaden im
Geist hindern einen eher daran, dass man
beispielsweise seine Fähigkeiten nicht aus-
bildet und sich stattdessen immer wieder
im Weg steht. Denn Energie ist eben immer
Geist. Ein solches Ver-Halten kann sich dann
körperlich manifestieren:

Lebt man zum Beispiel das Muster, dass man
nie wütend werden darf, dann entsteht nach
einiger Zeit aus der Laus, die einem ständig
über die Leber läuft, eine ausgewachsene
Migräne. Genauso kann es sein, dass durch
nicht gelebte Trauer die Energie der Lunge, der
dieses Gefühl zugeordnet wird, geschwächt
wird. Oft behandle ich Patienten mit chro-
nischem Husten, dem keine offensichtliche
schulmedizinische Ursache zugrunde liegt.
Bei den meisten stellt sich heraus, dass sie
Trauer nicht verarbeiten konnten. Dies zeigt
sich dann in ständigem Husten, der nicht wirklich mit schulmedizinischen Mitteln behandelt
werden kann. Wichtig ist deshalb, auf allen
Ebenen achtsam mit sich umzugehen. Innere
Freiheit und damit einen freien Fluss der eigenen Energie erreicht man durch stetiges Üben.
Denn im Zen trainieren wir unseren Geist, um

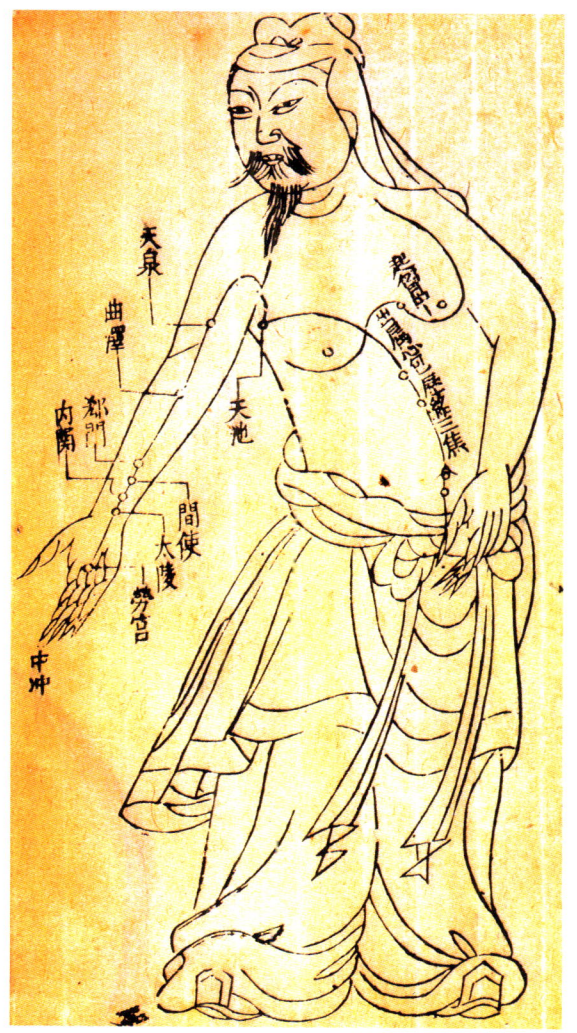

*Meridiane sind feinstoffliche Energiebahnen, die den
Körper durchziehen.*

dem Leben besser zu begegnen und es anzunehmen, wie es ist. So kommt man wieder in den Fluss, und die eigenen Heilkräfte werden gestärkt.

Gesundheitspflege und Vorsorge

So beinhaltet das QiGong eine Vielzahl an Übungen, mit denen man das Qi durch Bewegung, Atmung und Bewusstseinführung wie auch durch Silben und Klänge bewegen kann. Eine andere Methode, die sich sehr gut zur Gesundheitspflege und Gesundheitsvorsorge eignet, ist die Druckpunktmassage oder Akupressur. Bei ihr handelt es sich um eine Variante der Akupunktur ohne Nadeln. Durch Druck auf bestimmte Energiezugangspunkte, die auf den Meridianen liegen, kann man dabei besondere Energiewirkungen hervorrufen. So gibt es beispielsweise einen Punkt, der den Energiefluss fördert, einen anderen, der den Geist zur Ruhe bringt, und wieder einen anderen, der das Immunsystem stärkt, das Herz pflegt, die Verdauung reguliert und die allgemeine Konstitution festigt.

Die Wärmebehandlung mit Moxa-Zigarren gehört zum klassischen Behandlungskanon der TCM.

DIE FÜNF ENERGIETORE

Die sogenannten Yuan-Punkte, die Sie unten sehen können, sind Ursprungspunkte der Energie. Es handelt sich dabei um Akupressurpunkte, an denen das Qi beeinflusst werden kann. Sie sind die Hauptpunkte der fünf Elemente oder Wandlungsphasen Holz, Feuer, Erde, Metall und Wasser. Diesen werden unterschiedliche Qualitäten und Wirkungen zugeordnet werden.

Holz

- Am Anfang des Jahres steht der Frühling mit seiner aufblühenden Energiequalität, die sich frei ausbreitet und fließt. Der Punkt „Leber 3" steht für den freien Fluss der Energie und löst Blockaden.
- Hauptfunktion: Den freien Energiefluss fördern

Feuer

- Die Energie wandelt sich nun in die des Sommers, die nach oben strömt. Sie steht für das Aufsteigen der Energie und unsere Gefühle. Der Punkt „Herz 7" hilft, das Herz zu pflegen und den Geist zur Ruhe zu führen.
- Hauptfunktion: Das Herz- und Kreislauf- system harmonisieren und innerlich zur Ruhe kommen

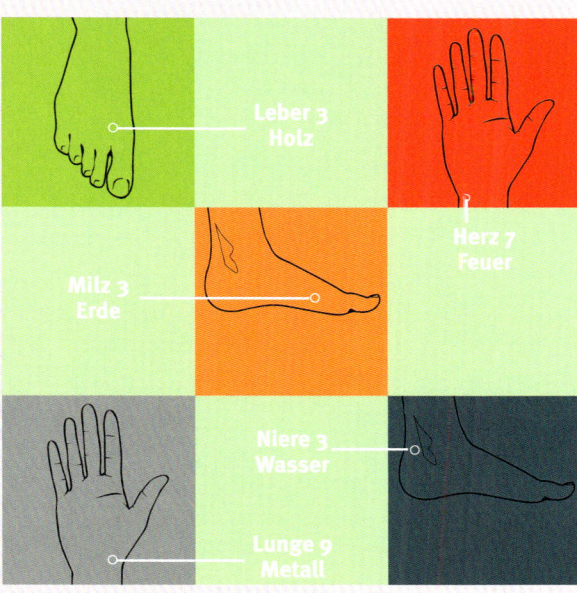

Leber 3
Holz

Herz 7
Feuer

Milz 3
Erde

Niere 3
Wasser

Lunge 9
Metall

Erde

- Nach dem Sommer kommt der Übergang zwischen Sommer und Herbst. In dieser fünften Jahreszeit liegt die Erntezeit. Hier wird das Gereifte zur Ernte gebracht.
- Der Punkt „Milz 3" hilft die Stoffe, die wir in Form von Nahrung und Flüssigkeit zu uns nehmen, in Energie und Körpersäfte umzuwandeln.
- Hauptfunktion: Verdauung und Stoffwechsel anregen

Metall

- Die Qualität des Herbstes bündelt die Energie der frischen Luft im Atem und speichert sie. Aus chinesischer Sicht stellt das Lungensystem auch das Abwehrsystem dar. Es wird durch den Punkt „Lunge 9" angesprochen.
- Hauptfunktion: Atmung und Immunsystem stärken

Wasser

- Im Winter verdichtet sich die Energie weiter und wird in der Tiefe gespeichert. Diese Qualität dient dazu, einen weiteren Zyklus und einen neuen Frühling einzuleiten. Hier ist die Anregung des Punktes „Niere 3" hilfreich.
- Hauptfunktion: Konstitution stärken

So akupressieren Sie richtig

Wenn Sie einen der vorher genannten Aspekte fördern oder ausgleichen möchten, können Sie im Anschluss einen der aufgeführten Punkte nutzen, um selbst etwas für Ihre Energie zu tun.

- Zuerst suchen Sie den Punkt und versuchen ihn genau zu lokalisieren.
- Dann geben Sie einen nicht zu leichten Druck auf den Punkt, bis Sie ein Ziehen spüren. Auf diese Weise haben Sie Zugang zu Ihrem Energiesystem gewonnen.
- Anschließend geben Sie mit Ihrem Daumen oder einem anderen Finger Druck in den Punkt hinein und kreisen, als ob Sie etwas in dieses Energietor hineingeben wollen.

So aktivieren Sie die jeweilige Energiequalität des Punktes. Normalerweise drücken und kreisen Sie ungefähr eine bis drei Minuten. Wenn Sie bestimmte Beschwerden haben, können Sie diese Methode dann mehrmals täglich wiederholen. Natürlich ersetzt dieses Verfahren nicht den Besuch bei einem TCM-Therapeuten oder Arzt.

日常禅

ZEN IM ALLTAG

ZURÜCK
IN DER WELT

Mein Weg führte mich langsam zurück in die Welt. Ich traf die Liebe meines Lebens und kehrte zurück in mein Heimatland. Hier konnte ich das, was ich in Japan und China lernen durfte, umsetzen und weitergeben. Doch durch die Unterstützung meiner Meister und meines Mönchsbruders Yasan lernte ich den Alltag und den Zen-Weg zu vereinen.

ABSCHIED UND AUFBRUCH

Meine Schwester Bettina heiratete 1990 in Spanien. Im Anschluss an eine Reise mit meinem Zen-Meister zu den Zen-Zentren Europas, bei der ich ihn wieder begleitete und für ihn übersetzte, kam ich zu ihrer Hochzeit. Sie heiratete nahe Madrid in der großen katholischen Kirche des Escorial. Da mein Schwager ein ausgezeichneter Koch war und seine Familie eines der besten Restaurants Spaniens besaß, wurde im Anschluss an die Zeremonie mit Champagner und einem vorzüglichen Buffet gefeiert. Hübsche Spanierinnen in Abendrobe und elegante Herren in Frack und Fliege bildeten den Rahmen um das Brautpaar.
Nur ich als der Bruder der Braut passte so gar nicht ins Bild, obwohl dies meine Schwester nicht störte und die anderen Gäste erfreute. In langer schwarzer Mönchs-robe und japanischen Mönchssandalen stand ich neben meiner Schwester und begrüßte die Gäste – der Kontrast hätte größer nicht sein können.

Die Liebe meines Lebens

Nach der Hochzeit flog ich zurück nach Deutschland, wo mich Misayo besuchte, der ich vor meiner Mönchszeit in Kyoto an der Berlitz-Sprachenschule Englischunterricht gegeben hatte. Sie lebte jetzt in New York und beschäftigte sich dort nach ihrem Studium der japanischen Kunst und Literatur in Osaka mit bildender Kunst. Als wir uns nun wiederbegegneten, öffnete sich ein Tor, und wir erkannten die tiefe Verbundenheit aus lang vergangenen Zeiten. Trotzdem führten mich meine Pläne zunächst noch einmal nach Japan zurück und die ihren wieder nach New York. Wieder im Kloster, vertiefte ich mich weiter in die Zen-Übung. Anschließend absolvierte ich ein Praktikum in Kyoto in der „Kiga Pain Clinic" für Akupunktur. Für mich hatte sich so der Kreis geschlossen. Ich fühlte, dass nun die Zeit gekommen war, wieder ganz nach Deutschland zurückzugehen, um das, was ich gelernt hatte, auch an andere weiterzugeben. So wandte ich mich an meinen Shishō, den Vizeabt, erklärte ihm, dass ich die Mönchsgemeinschaft verlassen wollte, und unterbreitete ihm mein Vorhaben. Er verabschiedete mich mit den Worten:

EGAL FÜR WELCHEN WEG DU DICH ENTSCHEIDEST,
DER RICHTIGE WEG IST IMMER DER UNTER DEINEN FÜSSEN.
GEHE IHN ACHTSAM UND MIT GANZEM HERZEN.

Doch hatte ich noch Wichtiges vor: Ich wollte um Misayos Hand anhalten. Yasan klärte mich darüber auf, wie man dies in Japan traditionell zu tun pflegte. Ich fasste mir ein Herz, legte meine Kutte ab und kaufte mir auf seinen Rat hin ein schwarzes Jackett. So ging ich zu Misayos Vater, einem erfolgreichen Geschäftsmann, und bat um die Hand seiner Tochter. Da er von meiner Absicht wusste und auch Misayos Entschlos-

Ein neuer Zyklus des Werdens und Vergehens setzt ein mit der Kirschblüte im Frühjahr.

senheit kannte, sagte er schweren Herzens zu, da ihm als Schwiegersohn sicher ein japanischer Geschäftsmann lieber gewesen wäre als ein ausländischer Zen-Mönch.

Eine zen-buddhistische Hochzeit

Kurze Zeit später kehrten wir beide zurück nach Deutschland und heirateten in einem buddhistischen Museum in einem Schloss in Niederbayern. Mein lieber Freund Yasan hielt die Zeremonie ab. Meine Familie stand links vor dem Buddha-Altar und die Familie von Misayo stand rechts davon. Unsere Eheringe bestanden aus großen Malas, buddhistischen Rosenkränzen, die Yasan aus China mitgebracht hatte. Kurz nachdem wir getraut waren, löste sich die Schnur von Misayos Mala, und die einzelnen Perlen kullerten auf den Boden. Ich wandte mich entsetzt an Yasan und fragte ihn, was das wohl zu bedeuten hätte. Er sah sich die Mala in Ruhe an und meinte dann in Zen-Manier: „Die Schnur war wohl zu dünn."

Die Verbindung zum Ursprung pflegen

Am Anfang lebten wir in München recht zurückgezogen und pflegten die japanische Tradition. Ich übte mich regelmäßig im Zen und in QiGong. Langsam kamen auch Freunde, mein Vater, meine Mutter und meine Geschwister, die Zen-Meditation und QiGong lernen wollten. Es blieb für mich jedoch schwierig, im normalen Alltag in der Übung zu bleiben und die Verbindung zum eigenen Ursprung zu halten. Um als Therapeut arbeiten zu können, begann ich eine Ausbildung zum Heilpraktiker und in Psychotherapie. Jedoch fühlte ich mich wie ein Fremder im eigenen Land. In Japan und besonders im Kloster galt das Ich – im Gegensatz zu hier – nicht als das Wichtigste. Im Zen ist es sogar das, das man überwinden muss, um frei zu werden. Einmal besuchte uns der Abt des Eigen-Ji-Zen-Klosters, und wir luden ihn in ein elegantes Restaurant ein. Dort fragte ich den Meister: „Wie kann ich mein weltliches Leben und meinen inneren Weg besser vereinen?" Er schaute mich nur mit breitem Lächeln an und sagte: „Schau dich um, wo bist du?" Wir mussten lachen. Im Zen heißt das: „Warum trennst du in deiner Vorstellung und schaffst dir ein Konzept von Weltlichem und Geistigem und verlierst dadurch den Moment des Lebens."

IMMER ZURÜCKFINDEN IN DIE EIGENE MITTE

DIE ERKENNTNIS:

FREIHEIT BEDEUTET, NICHT DAS ZU TUN,
WAS ICH LIEBE, SONDERN DAS LIEBEN ZU LERNEN,
WAS ICH TUE. DOCH WIE KANN ICH MIR DIESE
INNERE HALTUNG IM ALLTAG BEWAHREN?

Sich aus der Ich-Verstrickung lösen

Eine Ausbildung in Psychotherapie hatte mich schon länger beschäftigt, da man im japanischen Kloster durch die Meditation sehr stark in die Tiefe kommt. Das aber, was aus dem Unterbewusstsein durch die Meditation oft zuerst hochkommt, sind nicht selten verdrängte Erlebnisse und Traumata aus der Kindheit und Jugend, wie ich es auch im Zen-Kloster selbst erfahren hatte. In Japan versucht man diese aufsteigenden Traumata selbst zu verarbeiten.

Wir hier im Westen haben jedoch eine lange Tradition, dass, was uns auf dem Herzen liegt und uns bedrückt, auszusprechen. Früher suchte man dazu einen Priester auf, heute eben den Psychotherapeuten. So war es für mich schlüssig, mich auch in Psychotherapie auszubilden. Besonders in das Verfahren von Carl R. Roger, einem bekannten US-amerikanischen Psychologen, vertiefte ich mich. Er hatte eine Methode entwickelt, die dem Zen nahestand. Der Therapeut zeigt und spiegelt dabei immer das, was sein Klient ihm mitteilt. So lernt dieser, tiefer in sich selbst hineinzublicken. Was mir dabei noch fehlte, waren die Umsetzung und das selbstständige Üben.

Muster in der Meditation auflösen

Wenn man ein Problem oder einen Kummer hat, so versucht man im Westen immer zu erkennen, was verdrängt in einem schlummert, und eine Ursache für das Problem zu finden. Meines Erachtens ist es aber wichtig, das Erkennen einer Ursache und ein daraus

141

entstandenes Ver-Haltensmuster durch stetiges meditatives Üben und durch Achtsamkeit, Bewusstheit und Wachheit aufzulösen, sobald ein solches auftritt. Reagiert man
beispielsweise in einer bestimmten Situation immer wieder gleich, weil man Angst hat,
einen Menschen und seine Zuneigung zu verlieren oder keine Kontrolle mehr über ihn
zu haben, so kann man beim Auftreten eines solchen Musters dieses mit dem Licht des
Bewusstseins auflösen. Dies ist ein wichtiger Schritt in die innere und auch äußere Freiheit. Auf diese Weise können meines Erachtens Zen und Psychotherapie gut zusammenwirken. Wichtig dabei ist, dass man sich immer wieder erinnert und sich immer wieder
wachrüttelt. Dazu sollte die morgendliche und abendliche meditative Übung als Grundlage dienen. Aber man sollte sich auch im Alltag immer wieder Punkte setzen, die einen
daran erinnern zu üben. Diese können eine große Hilfe dabei sein, eine wache Geisteshaltung zu bewahren. Sie können unterschiedlichster Form sein (siehe Seite 144). Die
Grundlage all dieser kleinen Alltagsübungen ist es, immer wieder in die eigene Mitte
zurückzukommen, um dann ganz aus der Mitte heraus zu leben.

In der Struktur einer Gemeinschaft zu üben, ist oft einfacher, als alleine zu sitzen.

Frei werden

Im Buddhismus ist das Ich eine Anhäufung von verschiedenen Faktoren. Um frei zu werden, muss ich das Ich loslassen lernen. Für uns im Westen ist es anfangs durchaus hilfreich, dieses Ich zu hinterfragen. Was lässt mich in eben dieser Weise denken und handeln? Welche Muster oder Anhäufungen von Erfahrungen lassen mich mit Angst, Sorge und Wut reagieren? Was liegt meinem Muster zugrunde, und bin ich dieses wirklich? Um frei zu werden, muss ich an mir arbeiten und mein wahres Ich erkennen lernen. Dazu kann man auch die Hilfe eines psychologischen Beraters nutzen, um sich so aus der Schale der Verhärtungen des Ich zu lösen und frei im Moment leben zu können.

Wahrhaftigkeit im Jetzt

Für mich stellte sich lange Zeit die Frage, ob dies als Mönch oder Laie, in der Abgeschiedenheit eines Klosters oder im weltlichen Leben gelingen kann. Dies ist ein zentrales Thema im japanischen Buddhismus, der sehr weltoffen ist, bei uns in etwa vergleichbar mit der evangelischen Kirche. So gibt es im Zen den Ausspruch: „So ni arazu soku ni arazu – Jiju no Zen." – „Weder Mönch noch Laie – die Freiheit des Zen." So fühle ich mich, und darin liegt für mich die Freiheit des Zen, die so auch von vielen bekannten Zen-Meistern gelebt wurde und wird. Die Wahrhaftigkeit des Zen liegt im Jetzt. Wenn man die Freiheit des Zen leben will, sollte man nicht zu einseitig sein – und nie vergessen, in der Übung zu bleiben. Es gilt sich immer wieder wachzurütteln und in die Übung zu gehen.

ZenZeiten

Hilfreich, um sich regelmäßig im Alltag zu üben, ist das Einhalten ganz bestimmter ZenZeiten:

- Basisübung: Morgen- und Abendmeditation (siehe Seite 32, 82)
- Alltagsübungen: Achtsamkeitsübungen im Alltag (siehe Seite 76, 94)
- Gehen: Üben im Gehen (siehe Seite 109)
- Warten: Wartezeiten nutzen (siehe Seite 144)
- Zen-Pausen: kurze Sammlungspausen (siehe Seite 116)

ZEN-ZEITEN – SICH PUNKTE IM ALLTAG SETZEN

Viele der in diesem Buch genannten Übungen können Sie in Ihrem Alltag nutzen, um sich zu üben. Nur müssen Sie sich immer wieder daran erinnern. Dazu ist es sehr hilfreich, sich ZenZeiten zu setzen. Anfangs können Sie sich beispielsweise einen Sticker zur Erinnerung auf den Computer kleben oder immer wenn Sie durch den Flur gehen diesen als Übungsweg nutzen. Auch eine rote Ampel kann eine gute Übungsgelegenheit sein. Es gibt viele Möglichkeiten, Ihren Alltag als Übung zu nutzen.

- Setzen Sie sich nach dem Aufstehen zu einer Morgenmeditation (siehe Seite 32, 82).
- Vor dem Zähneputzen sammeln Sie sich erst kurz und lassen sich auf das Tun ein.
- Falls Sie später im Büro sitzen, nutzen Sie die Zeit bis zum Einschalten Ihres Computers als eine neue Sammlungspause. Stehen Sie dabei zwischendurch immer wieder auf, sammeln Sie sich in einer kurzen Meditation im Stehen (siehe Seite 116), entspannen Sie sich so und tanken Sie neue Energie.
- Nutzen Sie den Weg zum Mittagessen, zum Briefkasten, auf die Toilette oder auf einer Treppe für das meditative Gehen (siehe Seite 109).
- Wenn Sie Ihr Essen selbst zubereiten, ist dies auch eine gute Möglichkeit, sich in der Sammlung im Alltag zu üben (siehe Seite 94).
- Wenn Sie beim Einkaufen in der Schlange vor der Kasse warten, ist das Ihre ZenZeit.
- Gönnen Sie sich statt einer Kaffee- oder Zigarettenpause eine Energiepause und versuchen Sie sich zum Beispiel mithilfe der Übung von Seite 125 mit Himmel und Erde zu verbinden.
- Wenn Sie auf dem Nachhauseweg sind, nutzen Sie die Zeit als Übung und sammeln Sie sich in Ihrer Mitte.
- Legen Sie zu Hause noch eine kurze Meditationseinheit ein, bevor Sie dann wach Ihren Abend genießen.

Wählen Sie sich aus den genannten Übunge zwei oder drei aus und führen Sie sie über einen längeren Zeitraum konsequent durch. Nur so kommt eine Übungsstruktur in Ihren Alltag. Später ist es möglich, auch andere Punkte einzubeziehen, sodass Sie immer wacher in Ihrem Tun werden und Zen praktizieren.
Denn im Zen sagt man: „Tada narikiru, sore dake de ii desu." Zu deutsch: „Einfach eins werden mit dem Tun, das ist schon alles."

FÜR ANDERE
DA SEIN

Mehr und mehr entwickelten sich für mich Möglichkeiten, auch hier in Deutschland den Zen gemeinsam zu üben und die anderen Fähigkeiten, die ich in China und Japan erworben hatte, anzuwenden und weiterzugeben. War ich anfangs noch ein Exot im eigenen Land, kamen nun immer mehr Menschen auf mich zu, zuerst Freunde aus früheren Zeiten, die ihrerseits Freunde mitbrachten. In einem in japanischem Stil eingerichteten Raum in unserer Wohnung begannen wir wöchentlich gemeinsam Zen zu praktizieren.

DEN ZEN WEITERGEBEN

Im September 1991 kam mein Shishō, der Vizeabt, nach Deutschland und besuchte auch meinen bescheidenen Dojo, unseren Übungsraum. Er schrieb ein Gedicht auf eine Holztafel: „Vom Westen her er kam, im Osten wie im Westen fliegende Blütenblätter." Dieses kurze Gedicht beschreibt den Weg des Bodhidharma, des Begründers des Zen, und die Verbreitung der Dharma-Lehre.

Da es auch mein Lebensziel geworden war, den Zen und andere Praktiken des Fernen Ostens an andere Menschen weiterzugeben, verlagerten wir unseren Dojo zwei Jahre später, und ich eröffnete in den neuen Räumen auch eine Praxis für Traditio-

nelle Chinesische Medizin. Von Anfang an kam Yasan regelmäßig ein- bis zweimal pro Jahr zu uns und unterstützte mich dabei, hier eine Zen-Struktur für Übende aufzubauen. Mir ging es nun immer mehr auch darum, nicht nur alleine zu sitzen und für mich zu üben, sondern auch eine Basis zu schaffen, auf der sich andere im Zen üben können. Auch vertiefte ich das Unterrichten des QiGong aus dem buddhistischen und dem medizinischen Bereich und behandelte in meiner Praxis Patienten mit den Therapieverfahren der TCM, wie der Akupunktur.

Aufbau einer Übungsstruktur

Im Zen gibt es ganz bestimmte Ämter, die von den Übenden wie im Kloster erfüllt werden. Diese Aufgabenverteilung bietet eine gute Übungsstruktur, in die sich jeder hineingeben und so ins Ganze eingehen kann. Da ist zum Beispiel der Jikijitsu. Er ist für die Leitung und Einhaltung der Meditationszeiten zuständig. Dann gibt es den Handaikan, der für die Zen-Tee-Zeremonie zuständig ist, die vor dem Sitzen

Das ZenHaus ist Begegnungsstätte für Zen-Übende und Meister aus China und Japan.

stattfindet. Oder es gibt den Jisha, der nach der Zen-Meditation alltägliche Arbeiten als Übung im Alltag für alle Teilnehmer verteilt.

Ähnlich wie im Zen-Kloster versuchen wir auf diese Weise Strukturen zu schaffen, die auch ein gutes Übungsumfeld bieten. Dabei wird möglichst wenig gesprochen, sodass sich jeder gut auf das Üben einlassen kann.

Die meisten Abläufe werden durch Glockenzeichen oder Holzklänge angekündigt, und neu hinzukommende Teilnehmer können so einfacher dem Fluss der Übung folgen. Meister Tsumura besuchte uns regelmäßig und unterrichtete QiGong. Zu meiner großen Freude kam auch Professor Yan Hai zu uns und stärkte unser Zentrum für Zen & QiGong. Immer öfter besuchten uns auch andere befreundete Meister aus China und Japan.

Leben im Jetzt und Heute

1995 schenkte mir Misayo unsere erste Tochter. Beim Wunder ihrer Geburt dabei zu sein, war für mich, wie sicher auch für viele Väter, eines der tiefgreifendsten Erlebnisse in meinen Leben. Eineinhalb Jahre später durfte ich dieses wundervolle Geschenk bei unserer zweiten Tochter wieder empfangen.

Inzwischen wuchs unsere Gemeinschaft der Übenden. Je zweimal reisten wir zusammen in einer größeren Gruppe nach Japan und nach China und wurden in wundervoller Weise aufgenommen. Da immer mehr Übende zu uns kamen, eröffneten wir im Mai 2010 das ZenHaus in Dornach bei München. Der Abt des Eigen-Ji-Klosters kam aus Japan angereist und weihte das Eiho-Ji-Zen-Haus in einer feierlichen Zeremonie. Große Ehre wurde uns durch seinen Besuch und die Weihe zuteil. Er ist ein sehr besonderer Mensch; so wach und so dankbar für jeden Moment, lehrt er nur durch sein Sein in einfacher Weise und ohne viele Worte den Zen. Beim Bau des ZenHauses wurden 3000 Jahre alte archäologische Funde gemacht. So entstand auf einem alten europäischen Kultboden ein fernöstlicher Kulturraum. Heute unterrichten wir im ZenHaus unterschiedliche Formen des QiGong, praktizieren Zen und fördern die Kultur Japans. Meine Frau Misayo unterrichtet Kalligrafie und organisiert Veranstaltungen mit Künstlern aus Ost und West (Adressen auf Seite 156).

GEBEN MACHT GLÜCKLICH

DIE 2. ERKENNTNIS:

IF YOU WANT TO BE HAPPY,
MAKE OTHER PEOPLE HAPPY! –
WENN DU GLÜCKLICH SEIN MÖCHTEST,
DANN MACHE ANDERE MENSCHEN GLÜCKLICH.
DALAI LAMA

Sein Glück im Glücklichmachen finden

Mir persönlich ist es wichtig, den Zen, QiGong und auch die TCM in ihrer ursprünglichen Weise hier bei uns zu übermitteln und zu bewahren, sodass auch Menschen in unserem Land aus der wahren Kraft der fernöstlichen Kultur schöpfen können.

Durch einen guten Freund, den ich aus Japan kannte, hatte ich vor einigen Jahren die Möglichkeit, den Dalai Lama zu treffen. Am meisten in Erinnerung blieben mir bei diesem Treffen die Worte über das Üben im Alltag. Der Dalai Lama nennt sie Karma-Praxis und spricht dabei von der inneren Praxis, der Meditation, und der äußeren Praxis, der Mitmenschlichkeit. Durch die eigene Übung in Versenkung und das Sich-Vergessen wird man wach für das, was ist und um einen herum geschieht. Durch das Sich-Vergessen wird man offener für die Menschen, die einem begegnen, und kann wahres Geben, wahre Mitmenschlichkeit praktizieren.

Was wahres Geben bedeutet

Selbstlose Hilfe für andere ist auf jedem der genannten Wege eine gemeinsame Grundlage, die in allen Religionen und Philosophien gelehrt wird. Dazu gehört auch die Bereitschaft, sich aus seiner Welt und den Gedanken über sich selbst zu lösen. Versuchen Sie doch einmal, dies ganz einfach in Ihrem Alltag zu üben.

Mit dieser inneren Haltung gehen Sie dann auf die Menschen zu, mit denen Sie zusam-

menleben oder -arbeiten oder die Ihnen im Alltag begegnen. Das kann jemand sein, den Sie nur vom Sehen kennen, wie zum Beispiel der Postbote oder die Kassiererin im Supermarkt, oder es ist jemand, der Ihnen nahesteht wie die eigenen Eltern, Ihr Lebenspartner oder Ihre Kinder. Sie werden merken, dass Sie sich durch diese Aufmerksamkeit für Ihr Gegenüber selbst mehr und mehr in den Hintergrund stellen.

Nehmen Sie sich nicht so wichtig, und Ihre Sorgen und Ängste werden geringer. Versuchen Sie in der Begegnung die Gefühle des anderen zu erspüren, seine Lebenssituation, seine Beziehungen oder auch seine berufliche Situation zu erkennen und aus seiner Sicht zu sehen. Lassen Sie sich ganz auf den Moment ein und vergessen Sie sich.

Mit dieser inneren Haltung können Sie Ihrem Gegenüber etwas Wahres und Kostbares geben, ohne dass dahinter Ihre Absicht oder Ihr Ich steht. Vielleicht können Sie ihm durch Ihre Zuwendung sogar ein wenig von der Last seines Alltags nehmen und ihn ein Stück glücklich machen.

Doch auch Sie werden dadurch Glück erfahren, indem Sie sich anderen Menschen gegenüber öffnen und offenen Herzens zuwenden. Schenken Sie anderen ein offenes Ohr, ein aufrichtiges Lächeln oder ganz einfach nur Ihre Zeit. Versuchen Sie, da zu sein für andere, für Ihren Partner, Ihre Kinder, aber auch für Ihre Kollegin nebenan im Büro. Am Ende jeder Übung sollte immer das Ganze stehen, das Ganze als Einheit allen

Der Zen-Garten im ZenHaus lädt zur stillen Betrachtung ein und wird so zu eine- Einladung ins Jetzt.

Seins. Durch das Vergessen des Ich und seiner Wichtigkeiten und durch das Erkennen des gleichen Samens in uns allen können wir uns gegenseitig helfen, diesen zur Blüte zu bringen und in uns und mit anderen Glück und Zufriedenheit zu finden.

Vom absichtslosen Handeln

Vor Kurzem wurde ich gefragt, was mich dazu gebracht hat, dass ich Zen, QiGong und Traditionelle Chinesische Medizin sowie auch die Förderung der Kultur miteinander verbinde. Ich antwortete, dass ich keine besondere Absicht hatte, dies zu tun, aber dass es sich im Laufe meines Lebens so zusammengefügt hat. Ich bin nur einer, der den Weg geht, manchmal im Tiefen, manchmal im Seichten des Flusses. Doch versuche ich immer im Fluss zu bleiben.

Die Erkenntnisse in diesem Buch versuche ich immer wieder neu umzusetzen und zu leben. Dafür bedarf es der kontinuierlichen Praxis. Eine Erkenntnis, die ich einmal gewonnen hatte, bleibt nicht. Es gilt sich unentwegt zu üben, um diese im Leben gedeihen zu lassen. Immer wieder neu mich auf das Üben einlassen, immer wieder ganz Anfänger sein, nur in diesem Moment, mehr weiß ich nicht.

Den eigenen Weg finden und gehen

Sie erinnern sich an die Inschrift neben dem Eingangstor eines Klosters in Tibet (siehe Seite 62): „Tausend Mönche, tausend Wege." Viele Wege führen zum einen Gipfel, in vielen Traditionen unserer Welt wurden sie seit Jahrtausenden beschrieben, und viele Menschen aus Ost und West, aus Nord und Süd sind sie schon gegangen.

Machen auch Sie sich auf und gehen Sie den Weg! Gehen müssen Sie ihn selbst. Der Inhalt dieses Buches kann Ihnen dabei als eine Art Gefährt dienen, das Sie allerdings selbst nutzen müssen, sonst wird es nur zu leeren Worten.

Der Zen-Weg bietet uns viele gute Möglichkeiten zu üben, und der Übungsplatz ist immer in Ihrem Herzen. Gehen Sie den Weg Schritt für Schritt, er ist immer unter Ihren Füßen, verlieren Sie sich nicht, sondern bleiben Sie ganz nah dran, ganz nah am Leben, jetzt wach im Moment. Lassen Sie sich mit ganzem Herzen ein, auf all Ihr Tun und die Menschen, denen Sie begegnen.

KARMA-ÜBUNG: EIN LÄCHELN SCHENKEN

Karma nennt man im Buddhismus das Gesetz von Ursache, Verbindung und Wirkung. So ist ein Samenkorn die Ursache für einen Apfel. Trotzdem wird nicht aus jedem Samenkorn eine Frucht. Die Verbindung zwischen Ursache und Wirkung kommt erst dadurch zustande, dass ein Samen gepflegt, gedüngt, von der Sonne beschienen und vom Regen genährt wird. Nur dadurch entsteht die Wirkung, die in diesem Beispiel zur Frucht wird. Diese Früchte können ein schnelles unmittelbares Geschenk sein, aber auch über längere Zeit heranreifen. Karma aufzulösen und frei zu werden, bedeutet, sich einem anderen empfindenden Wesen ohne eine bestimmte Absicht zuzuwenden oder ihm durch Sprechen oder Tun etwas zu geben, ohne etwas dafür zu bekommen.

- Versuchen Sie in Ihrem Alltag zu geben, ohne irgendetwas von anderen zu erwarten. Es sollte sich bei dieser Übung nicht nur um den Austausch von etwas Materiellem handeln. Versuchen Sie, Menschen, die Ihnen begegnen – nahestehenden, neutralen, aber auch ungeliebten –, ein Lächeln, ein gutes Wort, eine liebevolle Geste oder eine Tat zu schenken. Das nennt man Karma-Praxis.
- Die innere Praxis besteht darin, sich durch Meditation und Versenkung zu üben. So können sich die Geistestrübungen klären. Im Licht der Gegenwart lösen sich die Schatten von Vergangenheit und Zukunft auf, die in besonderer Weise an das Ich gebunden sind. So können Sie sich ganz auf den Moment, auf das Jetzt einlassen.
- Um äußere Karma-Praxis im Alltag zu üben, lassen Sie sich auf den anderen, Ihr Gegenüber, ein. Sie hören gut zu, was man Ihnen sagt, schenken ihm ein Lächeln und sind für ihn da, wenn er sich an Sie wendet. All das bedeutet Geben. Es sollte nicht von eigennützigen Gedanken oder Absichten getragen sein. Seien Sie einfach da.

Auch wenn Sie den Eindruck haben, dass Sie jemanden verletzt oder nicht richtig gehandelt haben, so haben Sie immer wieder und in jedem Moment die Möglichkeit, dies zu erkennen und mit dieser Erkenntnis wieder innerlich neu zu beginnen. Erinnern Sie sich dieser Ihrer inneren Haltung, wenn Sie anderen Menschen begegnen. So lösen Sie sich stetig aus der Verstrickung Ihres Ich. Im Zen heißt es: „Der Fehler ist die Grundlage des Erfolges." (Japanisch: Shippai wa Seiko no motto.)

DANK FÜR DIESEN TAG
UND ALLES,
WAS ER BRINGEN MAG.
VOLLER GLAUBEN UND VERTRAUEN,
AUF DIESEN TAG MÖCHTE ICH BAUEN.
GANZ ACHTSAM UND SACHT,
IN JEDEM MOMENT WIRKLICH WACH,
AUS MEINER MITTE IMMER NEU
BEI MIR SEIN
UND DOCH GANZ TREU.
DER ENERGIE,
DIE MICH DURCHDRINGT,
IN ALLEM SEIN SCHWINGT,
JEDEN MOMENT MIT ALL MEINEN SINNEN,
SO KANN SIE NICHT ENTRINNEN.
MEIN GANZES LEBEN
WILL ICH DIESEM MOMENT GEBEN.

Dokuho J. Meindl

Der Autor

Die Kultivierung des Geistes sowie die Förderung und Wiederherstellung der Gesundheit sind zentrale Themen im Leben von Dokuho J. Meindl. Diese setzt er in vielfältiger Weise, als Heilpraktiker, in der Psychotherapie sowie als Buchautor und Komponist um. Vor mehr als 25 Jahren machte er sich über den Landweg auf nach Japan, um sich die Lehren des fernen Ostens zu erschließen. In Japan angekommen, trat er als erster westlicher Zen-Mönch in das Zen-Kloster Eigen-Ji ein. Hier lernte er neben der Schulung des Geistes auch die Grundlagen fernöstlicher Medizin kennen.

Im Anschluss an seine Ausbildung im Zen-Kloster studierte er Traditionelle Chinesischen Medizin (TCM) und QiGong in Peking. Nach insgesamt sieben Jahren Ausbildung in Japan und China kehrte Dokuho 1991 nach Deutschland zurück und gibt seither hier sein in China und Japan erlangtes Wissen und seine Erfahrungen aus dem Zen, dem QiGong und der TCM weiter. Im Mai 2010 gründete er das Eiho-ji ZenHaus in Dornach bei München. Ein Grundprinzip seiner Arbeit ist, TCM, Zen und QiGong in ihrer ursprünglichen Form anzuwenden und weiterzugeben.

Danksagung

Ich danke meinem Vater und meiner Mutter, durch die ich in diese wundervolle Welt geboren wurde. Ich danke meiner Frau für die wunderschönen Kalligrafien in diesem Buch und ihre unentwegte Unterstützung. Auch danke ich meinen Töchtern, die mir oft ein Lehrer sind. Besonders möchte ich mich bedanken bei all meinen Lehrern, Yasan, Shinohara Daiyu Roshi, Yamada Buryo Roshi, Meister Takashi Tsumura und Prof Yan Hai. Auch danke ich allen Freunden und Begleitern meines Weges.

Bücher, die weiterhelfen

App, U.: Meister Yunmen – **Zen-Worte vom Wolkentor,** O.W. Barth, München 1994

Cheung, A.: **Die Qi-Formel,** GRÄFE UND UNZER 2010

Daiker, I.: **Gelassen wie ein Buddha.** Meditationen und Achtsamkeitsübungen für 52 Wochen, GRÄFE UND UNZER 2010

Daizohkutsu, R. O.: **Der Ochs und sein Hirte.** Zen-Geschichte aus dem alten China, Klett Cotta 2008

Dalai Lama: **Das Buch der Freiheit,** Bastei Lübbe 2008

Dschuang Dsi: **Das wahre Buch vom südlichen Blütenland,** Diederichs 2008

Dumoulin, Heinrich: **Geschichte des Zen-Buddhismus,** Band I: Indien, China, Korea; Band 2: Japan, Angkor 2010

Friedl, F.: **Das Gesetz der Balance.** Chinesisches Gesundheitswissen für ein langes Leben, GRÄFE UND UNZER 2009

Fromm, E., Suzuki, T., de Martino, R.: **Zen-Buddhismus und Psychoanalyse,** Suhrkamp 1995

Laotse, Tao Te King: **Das Buch vom Weltgesetz und seinem Wirken,** Diederichs 2000

Mannschatz, M.: **Meditation.** Mehr Klarheit und innere Ruhe, GRÄFE UND UNZER 2010

Mannschatz, M.: **Mit Buddha zu innerer Balance,** GRÄFE UND UNZER 2011

Meindl, D. J.: **Gesundheit & QiGong,** allsense 2008

Mürmann, H. J.: **Der Shakuhachi-Meister,** mit Tuschezeichnungen von Yasusada Seki, Dharma Do 2010

Nishijima, G.W.: **Die Schatzkammer der wahren buddhistischen Weisheit:** Dogen Zenjis Sammlung von 301 Koan-Geschichten, erläutert von einem Meister der Gegenwart, O.W. Barth 2005

Suzuki, Sh.: **Zen-Geist Anfänger-Geist:** Unterweisungen in Zen-Meditation, Herder 2009

Vimalakirti: **Das Sutra von der unvorstellbaren Befreiung,** do evolution 2008

Kontaktdaten

Zentrum für Zen & QiGong, Kunst & Kultur
Praxis für Traditionelle Chinesische Medizin,
Kurse in QiGong, Zen-Meditation, TCM

ZenHaus
Dokuho J. Meindl
Ueberreiterstraße 25
D-85609 Dornach bei München
Tel. +49 (0)89 – 92 96 396
Fax: +49 (0)89 – 99 20 07 53
Email info@dokuho.de
www.zen-haus.com

Kalligrafie, Kunst & Kurse
ZenHaus
Misayo Kawashima Meindl
Ueberreiterstraße 25
D-85609 Dornach bei München
Tel. +49 (0)89 – 99 20 07 54
Fax: +49 (0)89 – 99 20 07 53
Email mail@kawashima-de.com
www.kawashima-de.com

GLOSSAR

Bodhibaum: *(Ficus religiosa)*
Der Feigenbaum, unter dem ⟶ Siddhartha Gautama, der historische Buddha, vollkommene Erleuchtung erlangte.

Bodhidharma: (um 470–543) Buddhistischer Mönch aus der indischen Linie des Buddhismus und der erste chinesische Patriarch des Chan (Zen).

Bodhisattva: (Sanskrit: Erleuchtungswesen)
Ein Wesen, das die Erleuchtung erreicht hat, jedoch immer wieder auf die Welt zurückkehrt, um anderen Wesen zur Erleuchtung zu verhelfen. Die sein Handeln bestimmende Eigenschaft ist das Mitgefühl, getragen von höchster Einsicht und Weisheit.

Buddha: (Sanskrit, Pali: der Erwachte)
Ein Mensch, der die zur Erlösung aus dem Kreislauf der Existenzen führende vollkommene Erleuchtung verwirklicht und damit die vollkommene Befreiung erreicht hat. Ehrenname des historischen Buddha.

Dharma: (Sanskrit: tragen, halten)
Ein umfassender Begriff für das, was „unser wahres Wesen ausmacht". Im Buddhismus steht er für das kosmische Gesetz, dem unsere Welt unterliegt, aber auch für die Lehre des Buddha, der dieses formuliert hat.

Dojo: (Japanisch: Weg-Halle)
Raum, in dem einer der japanischen Wege geistig-praktischer Schulung geübt wird.

Hara: (Japanisch: Unterbauch, Bauch)
Im Zen hat dieser Begriff meist eine Bedeutung im Sinne von „die geistige Mitte eines Menschen".

Karma: (Sanskrit: Tat)
Buddhistisches Konzept, nach dem jede Handlung – physisch wie geistig – unweigerlich eine Folge hat (egal, ob in diesem oder einem der nächsten Leben).

Kenshô (Japanisch: Erschauen der eigenen wahren Natur)
Der Begriff bezeichnet eine initiale Erfahrung, bei der der Erweckte seine eigene wahre Natur erkennt. Diese dient als Grundlage, im täglichen Leben an der Umsetzung dieser Erkenntnis zu arbeiten. Kenshô heißt auch „Selbst-Wesens-Schau", was bedeutet, dass man seine wahre Natur erkennt und dadurch auch die wahre Natur von allem Anwesenden.

Kinhin: Übung des Zen im Gehen, wie es in Zen-Klöstern zwischen den einzelnen Sitzzeiten (Zazen) geübt wird.

Koan: Paradoxe Zen-Frage, die auf die letzte Wahrheit zeigt. Die Lösung eines Koans entzieht sich den Mitteln des Verstandes.

Mantra: Eine kraftgeladene Silbe oder Folge von Silben, die bestimmten Kräften oder Eigenschaften von Buddha Ausdruck gibt.

Mu Shin: (Japanisch: Nicht Herz)
Im Zen ein Ausdruck für einen Zustand der
Leere, völliger Natürlichkeit und Freiheit von
dualistischem Denken und Fühlen.

Paramitas: Die Paramitas werden im Allge-
meinen als „Vollkommenheiten" übersetzt,
die ein Übender anstrebt. Dazu zählen sechs
Eigenschaften: Geben, Tugend, Geduld,
Ausdauer, Meditation und Weisheit.

Rinzai-Schule: Eine der bedeutendsten
Schulen des Zen. Sie geht auf den großen
chinesischen Zen-Meister Linji I-hsüan (Japanisch: Rinzai Gigen) zurück. Im 12. Jahrhundert wurde die Rinzai-Schule des Zen nach
Japan gebracht.

Samu: (Japanisch: Arbeits-Übung)
Allgemein die körperliche Arbeit, die zum
Kloster-Alltag in Zen-Klöstern gehört. Wird
die Arbeit in wacher, ausschließlich auf die
Tätigkeit gesammelter Aufmerksamkeit und
voller Sorgfalt ausgeführt, so ist sie eine Art
meditativer Praxis im Alltäglichen.

Sesshin: (Japanisch: Sammeln des Herz-
Geistes)
Tage besonders intensiver, strenger Übung
des Zen, wie sie in Zen-Klöstern in regelmäßigen Abständen durchgeführt werden.

Siddhartha Gautama: Er wurde um 560
v. Chr. in Lumbini, Nepal, als Sohn eines
Fürsten geboren. Mit 29 verließ er seine
Familie, schloss sich asketischen Lehrern
an, wandte sich dann der Meditation zu

und verwirklichte mit 35 die vollkommene
Erleuchtung. Für den Rest seines Lebens zog
er mit Jüngern lehrend von Ort zu Ort. Er ist
der Begründer des Buddhismus.

Soto-Schule: Neben der Rinzai-Schule die
bedeutendste Schule des Zen-Buddhismus
in Japan.

Sutra: Lehrrede des Buddhas, die in Pali,
Sanskrit sowie in chinesischen und tibetischen Übersetzungen erhalten geblieben
ist. Im nördlichen Buddhismus auch andere
Lehrtexte erleuchteter Meister.

Taoismus: Philosophisch-religiöse Lehre
in China. Sein bedeutendster Vertreter ist
Laotse. In der mystischen Lehre geht es in
erster Linie um die Begriffe des Tao (Chinesisch: Weg) und des absichtslosen Handelns
(Chinesisch: Wu wei).

Yin/Yang: Zwei kosmische Grundkräfte in der
chinesischen Naturphilosophie, die durch ihr
Wechselspiel und ihr Zusammenwirken das
gesamte Universum entstehen lassen.

Zazen: (Japanisch: za – sitzen; Zen – in
Versunkenheit)
Meditative Praxis im Sitzen, wie der Zen sie
als Weg zur Erleuchtung lehrt. Der Meditierende verweilt dabei in einem Zustand
gedankenfreier, hellwacher Aufmerksamkeit.

Zendo: (Japanisch: Zen-Halle)
In Klöstern ein besonderes Bauwerk, in dem
Zazen geübt wird.

SACHREGISTER

IMPRESSUM

© 2011 GRÄFE UND UNZER VERLAG GmbH, München. Alle Rechte vorbehalten. Nachdruck, auch auszugsweise, sowie Verbreitung durch Bild, Funk, Fernsehen, Internet, durch fotomechanische Wiedergabe, Tonträger und Datenverarbeitungssysteme jeder Art nur mit schriftlicher Genehmigung des Verlages.

Projektleitung: Ilona Daiker
Redaktion & Lektorat: Anna Cavelius, Schondorf
Bildredaktion: Petra Ender
Covergestaltung: Independent Medien-Design, München
Innenlayout: Independent Medien-Design, München
Satz und Gestaltung: Ute Fründt, München
Herstellung: Renate Hutt
Repro: Repro Ludwig, Zell am See
Druck: Firmengruppe APPL, aprinta druck, Wemding
Bindung: Firmengruppe APPL, m.appl GmbH, Wemding

ISBN 978-3-8338-2130-1

1. Auflage 2011

Wichtiger Hinweis

Die Ratschläge und Übungen in diesem Buch sind von den Autoren und vom Verlag sorgfältig erwogen und geprüft. Dennoch kann eine Garantie nicht übernommen werden. Sie brauchen psychotherapeutische Hilfe, wenn Sie sich durch die Übungen von Emotionen oder Erinnerungen überwältigt fühlen. Bei ernsthafteren und/oder länger anhaltenden Beschwerden sollten Sie auf jeden Fall einen Arzt oder Heilpraktiker Ihres Vertrauens zurate ziehen. Eine Haftung der Autoren und des Verlages für Personen-, Sach- und Vermögensschäden ist ausgeschlossen.

GRÄFE UND UNZER

Ein Unternehmen der
GANSKE VERLAGSGRUPPE